女儿，青春期你一定要懂的事儿

胡琳 —— 编著

北京理工大学出版社
BEIJING INSTITUTE OF TECHNOLOGY PRESS

版权专有　侵权必究

图书在版编目 (CIP) 数据

女儿，青春期你一定要懂的事儿 / 胡琳编著. —北京：北京理工大学出版社，2020.5
（2024.8 重印）

ISBN 978-7-5682-8371-7

Ⅰ. ①女… Ⅱ. ①胡… Ⅲ. ①女性 – 青春期 – 家庭教育 Ⅳ. ① G782

中国版本图书馆 CIP 数据核字（2020）第 060949 号

出版发行 / 北京理工大学出版社有限责任公司
社　　址 / 北京市海淀区中关村南大街 5 号
邮　　编 / 100081
电　　话 /（010）68914775（总编室）
　　　　　（010）82562903（教材售后服务热线）
　　　　　（010）68944723（其他图书服务热线）
网　　址 / http://www.bitpress.com.cn
经　　销 / 全国各地新华书店
印　　刷 / 三河市华骏印务包装有限公司
开　　本 / 710 毫米 × 1000 毫米　1/16
印　　张 / 17　　　　　　　　　　　　　　　责任编辑 / 王俊洁
字　　数 / 240 千字　　　　　　　　　　　　　文案编辑 / 王俊洁
版　　次 / 2020 年 5 月第 1 版　2024 年 8 月第 12 次印刷　责任校对 / 刘亚男
定　　价 / 42.00 元　　　　　　　　　　　　　责任印制 / 施胜娟

图书出现印装质量问题，请拨打售后服务热线，本社负责调换

前言

　　有人说，女儿和儿子的教育方式不同。女儿是千金之身，宝贵得很，需要为人父母的加倍呵护。的确，女儿在父母的呵护下一路快乐地成长，而转眼间，在我们还没反应过来的时候，女儿十几岁了，你会发现，昔日那个叽叽喳喳、经常拉着我们讲学校趣事的小丫头，不知从何时起，开始变得沉默了，她开始疏远我们；她突然爱美了，经常偷偷穿妈妈的裙子和高跟鞋；她变得敏感了，她更喜欢一个人躲在房间里，静静地写着自己的心事。女儿的世界，我们不再了如指掌，女儿不愿再对我们敞开心扉了，并且，我们稍稍一问，她们就回答："你什么都不懂，懒得跟你说。""你不明白的。"……我们开始担心，女儿到底怎么了？一时之间，我们发现有太多的话，要告诉女儿，但又不知从何说起。其实，这些都是女孩在青春期的正常表现。

　　那么，什么是青春期？

　　心理医生认为，女孩在 10 岁之前处在对父母的崇拜期，而 12～16 岁是其心理断乳期，许多西方心理学家也把青春期看作个体发展的危险期。女孩进入这个年龄段，随着身体的发育以及知识面、阅历的增加，她们的自我意识不断增强,她们渴望摆脱对父母的依赖,因此,极易对父母产生逆反心理而不服父母的管教。

为此,很多父母伤透了脑筋。的确,青春期被称为花季,青春期的一切都是朝气蓬勃的,但青春期同样也被称为雨季,一不留神,青春期就会出现一些无法挽回的错误,同时,女儿正处于升学的重要时期,伴随而来的是高强度的压力,这些都需要父母进行疏导。而这就是我编写本书的初衷。

本书主要是从青春期女孩的生理、心理、心态、认知等各个方面进行分析,给予青春期女孩正确的引导;对于女孩成长中的心理、心态以及即将面临的社会问题一一给出建议,希望所有的青春期女孩都能够拥有一个健康、快乐的青春,都能够以乐观的心态、真实的本领去迎接未来的人生!

实际上,这不仅是一本书,更是父母教育女儿的一个好帮手。不但可以引导女儿养成良好的生理卫生习惯,还可以帮助父母对女儿进行心理上的辅导。青春期是女儿的困惑期,也是父母的困顿期。可怜天下父母心,我们不妨把对女儿的爱化作对她的教导,引导她度过一个健康、快乐的青春期。

最后,希望本书能成为父母和青春期女孩的最好礼物!

第一章

青春期悄然而至，胸部鼓起来了

03 | 胸部为什么到青春期就鼓起来了
06 | "飞机场"女孩真的很自卑
09 | 你的乳房有这几种异样吗
12 | 如何挑选适合自己的文胸
15 | 青春期女孩如何保护自己的乳房
19 | 如何自查乳房疾病

第二章

月经是青春期的产物，女孩不必惊慌

25 | "好朋友"要来之前，有什么征兆吗
28 | "好朋友"不规律怎么办
31 | "好朋友"来了，有什么需要注意的吗
34 | "好朋友"在学校突然来了，如何应对
37 | 卫生棉条是什么
40 | 使用卫生巾特殊部位为什么会瘙痒
43 | "好朋友"来了，"那里"怎么清洗
46 | 月经前的集中不适症状如何调节

第三章

接纳身体的发育，大方面对私密问题

53 | 身体突然长了很多毛发，太难看了
57 | 修剪腋毛，可以吗
60 | 我是女孩子，为什么也会长胡子
62 | 内裤上为什么会有白色的东西
64 | 白带异常指的是什么
67 | 阴部瘙痒，是不是得了妇科病

第四章

恼人的"面子"问题，坦然面对身体的不完美

73 | 烦人的痘痘，怎么才能消除
76 | 青春痘，怎么预防
79 | 小小雀斑，其实也可爱
82 | 我是"四眼妹"，总是被人嘲笑
85 | 少吃点，节食就能减肥了
88 | 我也想效仿，化妆的女孩真美

目录
contents

第五章
多变的青春期，女孩注意心理健康

93 | 穿着有个性，但绝不是奇装异服

96 | 别总纠结于一件事

99 | 青春期，别让妒火烧毁你

102 | 猜疑心理——多点信任，也能获得别人的信任

106 | 青春期焦虑症——如何才能集中注意力

110 | 青春期挫折症——我好沮丧

113 | 逆反心理——父母的话让我很反感

第六章
情窦初开的青春期，更要把握异性交往尺度

119 | 把"喜欢"留在心底

122 | 异性交往并不等于早恋

125 | 理性对待早恋行为

128 | 怎样和男同学相处

131 | 正确理解异性相吸

134 | "哥们儿"这个关系更适合

137 | 学会不伤感情地拒绝他

140 | 对于老师，喜欢还是崇拜

第七章
学习性教育知识，但绝不可偷尝禁果

145 | 学会自我保护，防止性侵害
148 | 艾滋病到底是什么病
151 | 青春期性行为绝对不可取
154 | 有性幻想了，就是坏孩子吗
157 | 处女膜是一种怎样的构造
159 | 阴道检查，会损伤处女膜吗
162 | 青春期少女是不是就没有妇科病
166 | 女性怀孕的过程是怎样的
169 | 宝宝是怎么来的

第八章
沟通无碍，做受人欢迎的阳光女孩

175 | 为什么女同学只跟女同学走得近
178 | 如何让自己更受同学欢迎
181 | 交友有原则，才能交到良师益友
184 | 积极乐观，多参加积极有意义的聚会
187 | 与老师多沟通，收获多多
191 | 换位思考，别再反感父母的唠叨
194 | 网络时代，结交网络朋友要谨慎

目录 contents

第九章
关注健康，做健康青春美少女

199 | 青春期常见病有哪些
203 | 身体发育期，要保证充足营养
206 | 高跟鞋是过早的美丽
208 | 狐臭，怎么治得好
211 | 掉了好多头发，我是不是要秃顶了
214 | 女孩也会神经衰弱吗
217 | 太矮了，如何才能长高

第十章
脆弱的青春期，女孩要学会保护自己

223 | 有心事，不知道向谁倾诉
226 | 人无完人，女孩要接纳自己的不完美
230 | 心中的烦闷，可以找个适当的发泄方法
233 | 克制自己，别肆意发火
236 | 拒绝黄色诱惑，做阳光美少女
239 | 绝不沾染赌博恶习
242 | 学习禁毒知识，远离毒品

第十一章

青春易逝，每个女孩都要抓住时间的缰绳好好学习

247 | 问问自己，学习是为了谁

250 | 学习有方法，效率才会高

253 | 考试失利，怎么跟父母交代

256 | 了解考试的目的，不可过分看重成绩

259 | 压力太大，找到适当的宣泄方式

第一章 Chapter 1

青春期悄然而至，胸部鼓起来了

女儿菲菲的乳房发育了，她遇到了很多令她困惑的问题。为此，我觉得有必要让女儿知道一些青春期乳房发育的知识。

女孩自出生后，乳房的发育会经历幼儿期、青春期、性成熟期、妊娠期、哺乳期以及绝经期等不同时期。在各个时期，机体内分泌激素的水平差异很大，受其影响，乳房的发育和生理功能也各具特色。

乳房的变化是女孩开始发育的第一个信号。自青春期开始，受各种内分泌激素的影响，女性乳房进入了一生中生理发育和功能活动最活跃的时期，随着年龄的增长，女孩的胸部会像妈妈的一样饱满而高耸，这是女人的骄傲，也是一个女人健康、美丽的象征。

胸部为什么到青春期就鼓起来了

青春期成长事件

有一天，女儿鬼鬼祟祟地对在厨房炒菜的我说："妈，我这儿好像胀胀的，还有点疼。你改天带我去看医生吧，不会是电视上说的什么病吧？"女儿菲菲一向大大咧咧的，这会儿居然扭扭捏捏，说话还打哆嗦。然后又问："爸爸这会儿不会回来了吧？"

女儿指着自己的胸部，我一下子明白了，原来女儿的胸部开始发育了。

女儿接着说："妈妈，其实我也知道自己是发育了，但乳房发育会怎么样呢？"

听了女儿的一番话，我放下手中的活儿，把女儿拉到身边，解释起她胸前那凸起的"小花蕾"来。

送给青春期女孩的话

乳房是女性重要的第二性征器官。女孩进入青春期后，第二性征开始显现。乳房发育的年龄与先天的遗传和后天的营养都有关系。

从生理上来说，乳房生长于女性的前胸，起哺乳的作用。青春期前，男孩和女孩的乳房在外观上几乎没有什么区别。但女孩长到七八岁时，身体的各个器官开始逐渐发育。到十岁左右，在包括卵巢激素、垂体激素和胰岛素等多种激素的刺激下，女孩的乳房开始正式发育。女孩乳房开始发育的年龄因人而异，但一般不超过 16 岁。如果超过 16 岁乳房仍未发育，就应引起重视。

青春期的到来意味着女孩开始发育，然后慢慢进入成熟阶段，青春期也是女性一生中乳房发育的重要时刻。青春期乳房发育的标志包括乳头、乳腺体积相继增大，乳晕范围扩大，其中以乳腺体积增大最为明显；同时，随着乳腺组织扩增，乳房呈现圆锥形或半球形。乳房发育的另一标志是乳头与乳晕的上皮内黑色素沉着而使其颜色加深。在评价乳房健康发育时应包括乳腺、乳晕、乳头三部分发育的比例关系。一般乳头与乳晕的发育成正比例，但乳晕发育与乳腺更为密切，乳头的大小则和乳腺发育的程度关系较小。

女孩乳房发育一般到月经初潮后基本成熟。在这之前，整个乳房组织都会逐步发育，包括整个乳管系统及乳管周围组织也会同步发育。乳管末端增生成群，形成腺泡芽，皮下脂肪增多及纤维组织增生，使乳房呈现圆锥形或半球形，整个乳房增大，并显得丰满而有弹性。随着时间的推移，女孩的乳房将逐步定型。

所以，每一个处于青春期的女孩都会遇到这样的问题，即自己的胸部悄悄地隆起了，一对乳房从开始时的平坦变得隆起而丰满，乳头乳晕部位形成了一个小鼓包，像"小花蕾"一样，逐渐变大。总之，一切同以前都不一样了。

面对自己身体悄悄发生的变化，女孩们会有不同的感受。有的女孩对性的知识知之甚少，加上比较粗心，乳房的变化并没有引起什么心灵的震动，还像从前一样蹦蹦跳跳，一副无所谓的样子；有的女孩则比较敏感，她们开始意识到自己正慢慢地长大，身体发育带来的乳房发育也会使她们有几分欣喜几分愁。欣喜的是，她们即将迈入成熟女性的行列，拥有苗条的身材和坚挺的乳房了；愁的是，别人的目光似乎总是会偶尔停留在自己身上，此时，她们会不由自主地脸红甚至尴尬。同时，每当感到乳房疼痛时，又会有些担心，不知道这是不是正常情况，是不是自己生病了，该不该向谁请教有关乳房的问题。这些女孩常常处于困惑的状态，甚至会影响正常的学习和生活。还有个别女孩，认为乳房的发育是一件羞耻的事，极不愿意被别人看出自己的乳房已经开始长大，因而总是遮遮掩掩。她们穿很厚的上衣，戴很紧的文胸，将乳房紧紧地裹在里面，甚至故意含胸、束胸，以掩视胸部的曲线。

那么，究竟应该怎样对待青春期乳房的发育呢？首先，女孩应该明白，青春期乳房发育是正常的生理现象，是你即将成为一个大姑娘的标志。应当感到高兴，而不是害羞。每个女孩都要经历这一过程，因此，既不要过于紧张，也不可毫不在意，应该重视自己身体的这一变化。女孩的身体是脆弱的，要懂得呵护自己，要比以前更加注意保护乳房，避免一切外来伤害。同时，你要密切注意乳房大小的变化，当乳房大小接近成人乳房时，就应开始戴乳罩。如果在乳房发育过程中出现乳房疼痛、肿块等情况，可以告诉妈妈，并让妈妈带自己去看医生。需要注意的是，女孩不要因为爱美而过早地戴上乳罩，戴的乳罩也不要过紧，更不要因为害羞而含胸。

妈妈让你了解这些，是希望你和每一个处于青春期的女孩都能骄傲地挺起胸脯，让富于生命活力的乳房有一个宽松的生长环境，让富于青春韵律的乳房尽显女性风采。

"飞机场"女孩真的很自卑

青春期成长事件

同学之间,不知道什么时候传出了一些"外来词"。比如说女孩胸部小,就是"飞机场",而可怜的菲菲好像成了"众矢之的"。很多女孩甚至因为菲菲的这个外号,认为菲菲有问题,再也不和她聊天了。

有一次,放学回家的路上,菲菲一个人走着,隐约听到背后有人议论自己:"看见没,她就是3班有名的'飞机场'。"

"是吗?你说她的胸部是不是一点儿都没有呢?"

"不知道。不过,一个没有胸部的女孩以后也不会成为一个女人,更不会有男孩喜欢的。"

"那是,搞不好还是个变态呢!不然怎么会没有胸部呢?要么就是有病。"

"是啊,以后离她远点……"

听到这些话,菲菲很伤心,一路哭着跑回家。当天,她在自己的日记中写道:"我已经15岁了,周围女同学的乳房都发育得很好,胸脯挺得高高的,都戴胸罩,只有我胸脯平平的。最近,我越来越觉得自己不正常,扁平的胸脯让我很难为情。尽管妈妈为我买了一副加垫的胸罩,可我心里还是很苦恼。为什么我和其他女同学不一样呢?我是不是真的身体有什么问题啊?"

 送给青春期女孩的话

为什么有些女孩乳房发育得晚呢?

女孩进入青春期后,最先发育的是乳房。在体内雌激素的影响下,女孩的乳腺开始发育。此时乳房内除了许多细长的乳腺管不断发育外,还积累了不少脂肪。由于乳腺组织较硬而脂肪组织较柔软,所以,乳房日渐隆起,而且富有弹性,成为女性成熟的标志。但是,乳房发育的情况,如乳房的大小、是否对称等都可能成为女孩青春期的烦恼之源。

每个女孩的身体发育都有其自身的特点,毕竟每个女孩的身体机制都不一样。有的女孩八九岁乳房就开始发育了,而有的女孩要到16岁或年龄更大时才开始发育。一般情况下,女孩在月经初潮之前,也就是10岁左右,乳房就开始发育了。如果超过16岁,女孩的乳房还没发育的话,就应该引起重视,警惕是否是性发育迟缓或卵巢发育不良。乳房刚刚开始发育时,构成乳房的乳腺及其周围的脂肪组织在乳头和乳晕下方会形成一个纽扣状的小鼓包,使乳头和乳晕隆起,乳头开始变大。而后乳头隆起更明显,乳房也渐渐变得丰满,最后发育为成人的乳房形状。乳房发育的速度也因人而异,有些女孩发育得早,发育速度却比较迟缓;有些女孩发育得虽然晚,却发育得较快,花苞般的乳房很快就发育成熟了。

的确,每个女孩都希望自己能拥有成熟女性丰满坚挺的乳房,因为这是女性曲线美的重要表现。一些乳房发育较晚或者较小的女孩会为此发愁:"为什么我是'飞机场'?"这些女孩甚至会因此而自卑,不敢去公共浴室洗澡,不愿意参加一些公共活动。她们总感觉自己会被人指指点点,当同龄人的乳房发育比自己好时,她们会怀疑自己是不是发育异常,甚至怀疑自己是不是生病了。

事实上,女性的乳房发育并非千篇一律。乳房发育的早晚除了受激素的影响外,还受遗传、环境因素、营养条件、胖瘦、体育锻炼等多种因素的影响。乳房发育的早晚与乳房的大小并没有直接关系。因此,女孩不必为乳房发育晚而担忧。只要生殖器官发育及月经均正常,就不会影响成人后的哺乳功能和生

育能力。当然，如果月经初潮后很长时间内乳房还没有开始发育，就有必要到医院检查一下，请医生诊断是属于生理性的，还是病理性的，以便采取对策。

妈妈告诉你这些话，是要让你明白，每个女孩胸部的发育情况都不是一样的。除了平时要注意保护好自己的胸部外，还要学习一些乳房发育和保健的卫生知识，正确对待正常发育过程中的生理现象。不要因为担心自己乳房小而采取丰乳的措施，这样可能会影响乳房的正常发育。因此，无论发育得早晚，健康成长才是最重要的。

你的乳房有这几种异样吗

青春期成长事件

菲菲有几个好姐妹,从小一起长大,可以说是无话不谈。一个夏日的午后,菲菲在房间听歌,这几个小姐妹好像约好了似的,都拿了泳衣来找菲菲。

"菲菲,我们去游泳吧。"莉莉说。

"是啊,我们好久没有一起玩了。我们几个商量了一上午,好像只有游泳才是我们共同的爱好吧?你以前可是我们几个中游泳技术最好的,上了中学以后,就没怎么见你游过了,也不知道现在你还会不会呢?"阿芳说。

"你们去吧,我就不去了,我现在怕水。"菲菲想推辞。

"那不行!你以前水性那么好,不可能怕水的。是不是身材不好,怕被男生看见啊?别怕,你看我,这么胖了还不是买了最大的泳衣,去吧,菲菲。"

"是身材不好,但不是胖。我觉得我有问题,这事我妈都不知道,我不好意思说。我两个乳房好像大小不一样,穿了泳衣不就都看出来了吗?我平时都会穿个外套遮挡一下,天再热都穿。你们说怎么办呢?"

这群小女孩无奈之下只好来找我,我给她们解释了少女乳房发育过程中可能出现的问题。

送给青春期女孩的话

青春期女孩的乳房会有哪几种异样呢?

1. 乳房左右不对称

女性的两个乳房不一定完全对称,只能说大小相似。尤其是处于发育阶段的少女,乳房尚未发育完成,就会出现左右发育不平衡的现象。有的女孩两个乳房一侧稍大、一侧稍小;有的女孩一侧稍高、一侧稍低。这主要是因为两个乳房对雌性激素的反应不一致,腺体增生活跃的一侧乳房就显得大一些。左右乳房大小不一致对以后的生育和性功能并无影响,对身体健康也没有不利之处。特别是少女时期,只有一侧乳房发育或者一侧乳房比另一侧发育得快,都是正常的。到发育成熟时,两个乳房的大小就会基本一样了。但是,成人以后,如果两侧乳房大小相差悬殊,就应引起重视,立即去医院检查就诊。

2. 乳房疼痛

在青春期,少女常常会出现乳房胀痛的症状。为此,很多女孩会感到忧心忡忡,以为自己患了什么疾病。实际上,这是正常的生理现象。因为从生理发育的进程看,女孩在 9～13 岁,下丘脑会分泌一种促性腺素释放激素,从而促进脑垂体产生促性腺激素,促进卵巢发育,使之分泌雌激素。于是乳房逐渐隆起,摸起来内部有一个质地较硬的块状物,呈豌豆或蚕豆大小的圆丘形硬结,伴有轻微胀痛或隐痛感,这表明乳房内的腺体开始发育。初潮后,随着青春期乳房的发育成熟,疼痛感会自行消失。因此,女孩不必为此担忧。

3. 乳头内陷

乳头内陷是一种较为常见的畸形。正常情况下,乳头应为圆柱状,凸于乳房平面 1.5～2 厘米,呈结节状。如果乳头未高出乳房皮肤,且牵拉后仍不高出者,称为"乳头内陷"。青春期,女孩的乳房会随着身体的发育逐渐发育完善。但有时候,不少女孩发现自己乳头凹陷,却因为羞于启齿而隐瞒过去。对此,女孩一定要正视。因为,只有早发现、早治疗,才能早纠正。

对先天性乳头内陷患者而言,遗传是一个很重要的因素。当乳腺导管、乳头肌肉发育异常时就会导致乳头内陷。在后天性乳头内陷中,感染是乳头内陷的主要因素之一。

乳头内陷对身体健康影响不大,患者可以结婚、生育。乳头内陷虽然不是大病,但如果不及时矫正,也会带来一些不良后果:一是乳头深陷在乳晕皮肤内,局部凹窝处长期得不到清洗,分泌物及污染物易发出臭味,引起乳头、乳晕发炎,甚至出血、糜烂,形成慢性炎症;二是乳头不外露,婴儿吸不出乳汁,从而影响婴儿的发育;三是产妇乳汁排出不畅,会导致乳管阻塞,乳汁淤积,易发生急性乳腺炎、乳腺脓肿,甚至可能增加患乳腺肿瘤的概率;四是乳头内陷有损女性胸部健美,失去应有的曲线。因此,对乳头内陷需积极进行治疗。

乳头内陷是可以矫正的,矫正的时机应选在生育以前。轻度乳头内陷可采用保守治疗:每天用温水清洗两次,然后轻轻地往外牵拉,牵拉的力度不可过大,以免使乳头受到损伤。也可在洗澡擦乳头时把它轻轻地向外提拉,反复牵拉,就可以使乳头外凸了。如果拉不出,可将两手拇指放在乳头两侧用力来回推动,每天3次,每次上下左右各做5遍。此外,还可用乳头矫正器进行矫正。

4.乳晕周围长毛发

人体的毛发几乎遍及全身,仅仅掌跖、指趾屈面、唇红区、小阴唇、大阴唇内侧以及阴蒂等处无毛。人体的毛发通常可分为硬毛和毳毛两种。硬毛比较粗长,毳毛比较细软。其中硬毛又可分为长毛(如头发、胡须、腋毛与阴毛等)和短毛(如眉毛、睫毛、鼻毛与耳毛等)。正常情况下,女孩乳头和乳晕部位不应该有粗长的毛发长出。若女孩在青春期各方面发育正常,月经正常来潮,仅仅在乳晕部位有几条粗毛长出,这可能跟发育期性腺内分泌功能过于旺盛有关,一般不必处理。若乳晕长粗毛的同时伴有其他部位多毛,月经不正常,身体过于肥胖或消瘦,乳房不发育或发育不良等症状,就可能是性腺内分泌异常,须到医院检查治疗。

处于青春发育期的女孩,需要多了解一些正常发育过程中的生理现象。如果对身体发育方面产生疑惑,一定要积极正视,及时与父母沟通或去医院检查。因为乳房健康在一定程度上关系到一个女人的幸福。

如何挑选适合自己的文胸

青春期成长事件

女儿菲菲在戴了几天文胸后,有一天放学回家,突然疑神疑鬼地问我:"妈,我的文胸你怎么买的啊?"

"拿钱在商场买的啊,这还用问。"我很坦白地说。

"我知道,那尺寸,你怎么知道我的尺寸呢?我自己都不知道。"女儿更吃惊了。

"我找专业人士问的呀!"我理直气壮起来。

"什么专业人士?你怎么说的?"

"我就说你多大,多重,多高什么的,然后人家就推荐我买了你身上戴的那一款喽!"

"不是吧,你这样就买了?你被商场卖内衣的售货员给忽悠了,我还以为你是按照自己的尺寸买的呢!原来就按照这么一个大致的尺寸呀,怪不得我这几天穿着不舒服呢!你瞧瞧,我背上是不是红了。"女儿说着,让我看她的背。

我一看,菲菲的背被文胸的带子勒红了。我突然责怪起自己的粗心大意来,女儿要是继续戴我给她买的文胸,会影响乳房发育的。于是,第二天,我就带女儿到商场买了一款适合她的文胸。

 **送给青春期女孩的话**

　　从乳房基本定型时开始，女孩应该养成每天戴文胸的习惯。因为乳房的内部构造与身体其他部位是不同的，它没有骨骼和肌肉支撑，如果不采取一些外在保护措施，当女性站立或者坐着时，乳房会自然下垂，时间一长，就会影响乳房的外观形态和将来的哺乳。所以，当少女的乳房发育接近成人时，就要懂得保护乳房，其中最重要的措施就是戴胸罩。

　　青春期的少女，可能会在选择文胸时感到害羞。其实，大可不必这样，文胸是每个女孩在发育过程中都应该佩戴之物。因此，正确选择文胸，是每个女孩都要学会的一门课程。

　　目前市场上有各种各样的文胸可供选择，包括魔杯、厚型、薄型、衬垫式和通透型等多种款式。这些文胸能在一定程度上起到弥补胸部缺憾的作用，使女性的身材看上去更丰满一些，但并不适合少女。另外，女孩也不适合继续穿普通背心，因为它会压制乳房的发育。

　　那么，如何选择文胸的质地和尺寸呢？

1. 根据季节选择文胸

　　可以说，文胸是女孩最重要的衣服，和普通衣服一样，它也要随着季节的变换，适时地更换。不同的季节，女孩要佩戴不同的文胸。比如，夏日出汗较多，应戴纯棉、漂白布或府绸布面料的文胸；春秋季节可戴涤纶面料的文胸；冬天宜戴较厚实的或有海绵的文胸。睡觉时，要松开文胸或者摘掉文胸，这样可以避免胸部受到持续紧压而感到不适，而且也有利于夜间呼吸和血液循环。

2. 文胸的大小尺寸要与胸围相符

　　只有这样，戴上后才会舒适。文胸太大，起不到支托乳房的作用；太小，会压迫乳房，既不舒服，又妨碍乳房发育。文胸的生命力在于它的底线，它能让乳房在其承托下，有向上提起的效果，使乳房不会因为年龄的增长或者其他因素而下垂或松弛。如果胸围尺寸过大，就无法产生应有的承托功能；但如果过小，又会使胸部无法正常运动。

3. 选择一些质地相对较好的文胸

质地好的文胸，透气性相对较好。

4. 选择合适的颜色

在颜色方面，粉色和白色较适合少女使用，穿校服时视觉上不会使胸部明显凸出，可以避免尴尬。

选择合适的文胸，对女孩的乳房发育大有帮助。这里还要强调的是，少女在晚上睡觉时还是不戴文胸为好，以免长期戴文胸对身体产生不良影响。文胸与内衣一样，容易受到汗液的污染，因此，必须勤洗勤换，保持清洁、卫生。

文胸是伴随女性一生的朋友。菲菲，妈妈告诉你这些，是希望你从青春期就开始学会挑选适合自己的文胸，细心对待文胸，让它穿起来更加舒适，真正起到保护乳房的作用！

青春期女孩如何保护自己的乳房

青春期成长事件

在一次体育课上，老师在教了同学们一些基本的投篮动作后，让大家自己练习投篮，菲菲和莉莉她们一组。

当大家正投得起劲时，对面男生的一个球飞了过来，正好打到莉莉的胸部。此时，菲菲、阿芳和其他同学都睁大了眼睛，莉莉疼得哭了起来。体育老师是个男老师，也不懂，只是一个劲儿地问莉莉伤着没。莉莉很难为情，只能说没事。菲菲和阿芳知道后请了假，将菲菲带到了医务室，医生看到莉莉的乳房有点肿，就给莉莉消了毒，然后让菲菲她们帮忙，用冷水敷了敷，莉莉果然觉得好了些。

回家后，菲菲把这件事告诉了我，我赞扬了女儿一番，说她和阿芳的处理方法很正确。突然，女儿又问我："乳房受伤了，是不是有很大影响？怎样才能防止乳房受伤呢？"

为了让女儿菲菲了解保护乳房的重要性，我给她讲解了一下应该如何保护乳房的知识。

 **送给青春期女孩的话**

乳房受伤,既有可能是来自外界的伤害,也有可能是女孩自身错误的保养方式导致的。那么,青春期女孩该怎样保护自己的乳房呢?

1. 佩戴合适的文胸

对于青春期的女孩子而言,戴不合适的文胸或者不戴文胸,都会对乳房有害。

选择合适的文胸是保护双乳的必要措施,切不可掉以轻心。合适一般是指尺寸适中、面料舒适。具体而言,女孩在戴文胸的时候,要遵循以下三个原则:

(1)文胸尺寸应该根据乳房大小和胸围大小等来选择。通常情况下,应该选择能覆盖住乳房所有外沿的型号为宜。戴的时候不可有压抑感,即文胸不可太小。太小的文胸会阻碍乳房的发育,甚至使乳房变形。

(2)文胸的肩带不宜太松或太紧,其材料应以可稍微收缩的松紧带为宜。

(3)在面料上,最好选择纯棉的文胸,不宜选用化纤织物。

另外,青春期女孩不能束胸。有些女孩认为乳房的发育和逐渐成熟是一件令人害羞的事,于是故意束胸,使其变得不明显。实际上,这种顾虑完全没必要。乳房发育是每个女性都会经历的,属于正常的生理现象。另外,束胸的危害很大,正如有句话所说:"乳罩是友,束胸是敌。"具体来说,束胸的危害有以下两方面:一是束胸会使胸廓无法扩大,对健康不利。长期束胸,还会阻碍乳房发展;二是束胸会阻碍其他器官的正常发育。胸廓内有肺、心脏、大血管和食管等重要脏器,束胸会限制这些脏器的增长,尤其是肺,它膨胀、松软,很容易受到挤压,使肺活量变小,而肺活量小者,其体质也差。

当乳房发育到一定程度需要戴文胸时,合适的文胸不仅可以使高耸的前胸"顺眼"一些,还可以保护乳房免受伤害。文胸最好选用普通的棉布材质,因为它透气、吸汗、不刺激皮肤。化纤不吸湿也不透气,而且棉布的价格也相对便宜一些。

还有一些女孩认为乳房未长成,故不必穿文胸。其实,这是错误的。若长期不戴文胸，不仅乳房易下垂，而且也容易受到外部伤害。只要文胸戴合适，就不会影响乳房的正常发育，有利无害。

2. 注意保护乳房不受外界强力的挤压和伤害

乳房主要由脂肪构成，没有任何支撑，因此受到外界挤压时，更容易受伤。而乳房的皮下脂肪和小血管又比较丰富，外伤后容易引发局部血肿、破损，甚至感染等严重后果。一般而言，乳房受外力挤压时，可能会引起以下问题：

一是乳房内部软组织会受到挫伤，从而引起增生等症状；二是乳房受外力挤压后，外部形状易改变，上耸的双乳会下塌、下垂。

因此，女孩在生活中，尤其是在进行一些体育活动时，一定要注意保护自己的乳房。另外，睡觉时也应该注意姿势。乳房受伤后，千万别大意，应该及时处理。那么，女孩乳房受伤时该怎么办呢？这要分情况的严重程度区别对待。

（1）当乳房受到撞击等伤害后，倘若没有发生表皮破损或皮下出血的状况，通常不需特别处理，只需进行观察。疼痛明显者可服用止痛药止痛。

（2）倘若受伤后出现了皮下淤血或血肿的状况，只要血肿不大，即可采用冷敷，因为局部血管遇冷后会收缩，出血就可停止。3天后，再采取热敷，促使淤血或血肿吸收。倘若乳房血肿较大，或冷敷后血肿仍在增大，就应及时去医院诊治。可将乳房中的血抽出，然后给以加压包扎，防止继续出血，同时应服用抗生素，防止继发感染。

（3）如果乳房皮肤有破损者应立即进行清创、消毒，同时给予足量抗生素预防感染。如果乳房受伤部位发生红肿、发热及疼痛，就是炎症的表现。炎症早期，在给予大量抗生素治疗的同时，还可采取局部热敷，促进炎症吸收。一旦感染部位产生跳痛，用手触摸时，局部有波动的感觉，就已是乳房感染的脓肿期，表示感染局部的脂肪等组织已发生坏死。此时，上述治疗方法已难有效果，应进行乳房脓肿切开引流术。

女孩乳房受伤后，尤其是乳房脓肿，治愈后有可能会影响日后的泌乳功能。感染严重者还可能因局部组织的疤痕粘连、挛缩，造成局部皮肤凹陷、变形，造成对身心健康的损害。因此，女孩应尽量保护乳房免受外力伤害。乳房一旦受到损伤，应尽早就医，及时治疗，以防发生后遗症。

3. 不盲目节食减肥，充分供应乳房需要的营养

的确，通过控制饮食也可控制体重。但在青春期，身体的各个部位都需要充足的能量才能保证发育完善。对于乳房而言，其内部组织大部分是脂肪。乳房内脂肪的含量增加了，乳房才能得到正常发育；因此，女孩要注意摄入营养丰富并含有充足动物脂肪和蛋白质的食品。生活中，有些女孩一味地追求苗条，不顾一切地节食，甚至天天都以素菜为主，结果使得乳房发育不健全，干瘪无形，那么其他养护措施也就于事无补了。

4. 加强锻炼和运动

和身体一样，乳房也需要锻炼。女孩在保证自身锻炼的情况下，也可适当做些专门针对乳房健美的锻炼。比如，可适当做些丰乳操。轻度按摩可使乳房丰满，锻炼的目的是使乳房下胸肌增长，胸肌的增大会使乳房凸出，看起来乳房就大了。

5. 忌不科学丰乳

少女正处在生长发育的旺盛时期，要尊重成长的规律。乱用丰胸产品，对身体有害无益。

亲爱的菲菲，妈妈告诉你这些，是想让你形成一种自我保护的意识。要知道，女孩的身体是坚强的，也是脆弱的！

如何自查乳房疾病

青春期成长事件

一个星期五的晚上,为了让女儿放松一下,我让菲菲陪我看电视连续剧。我刚把菲菲叫到我身边坐下,惹人厌的插播广告就开始了。菲菲很快就没有耐心了,对我说:"妈,您还是让我去上网吧,您瞧这广告,哎!"

"等会儿,马上开始了。"我一把拉住要走的女儿。

电视里突然跳出一个乳腺癌治疗的广告,女儿看到之后"哇"地哭了,小丫头满脸泪水说:"妈,这乳腺癌得病率这么高,我好害怕。您说,我会不会也得啊?"

看着天真的菲菲,我很心疼,我对她说:"不会的,你还这么小。"

"可是您看,那些得病的人都以为自己不会得病,可还是得了呀。"

"那是因为她们没有做好检查的工作。注意保护好自己的乳房,及时检查,是不会那么严重的。所以,对于一个女性来说,一定要注意自己的健康问题,不能忽视。"

"那怎么检查呢?不会要经常往医院跑吧?"

菲菲的问题,我一时还真回答不上来。于是,针对女儿菲菲的疑问，我也查了一些资料。最终得出结论：作为女性，要学会自检乳房疾病。

🔔 送给青春期女孩的话

乳房发育是女性的第二性征（又称副性征）之一。进入青春期后，乳房随时会遭到病魔的侵袭，其中最凶恶的敌人是乳腺癌，它是女性最常见的癌症之一。

因此，作为青春期女孩，也应懂得一些有关乳房的保健知识，提高对乳房的正确认识。一旦发现乳房内出现异常包块，应当及时就医。每个女孩都应对乳房包块提高警惕，并掌握自我检查乳房的方法。据统计，80%的乳腺癌是患者自己先发现包块，然后再请医生确诊的。

那么，青春期的女孩们，该怎样自检乳房疾病呢？

1. 看

女孩先要站在镜子面前，放松自己，然后双手自然下垂，仔细观察乳房两边是否大小对称，有无不正常凸起，皮肤及乳头是否有凹陷或湿疹。

2. 触

左手上提至头部后侧，用右手检查左乳，以手指之指腹轻压乳房，感觉是否有硬块。由乳头开始做环状顺时针方向检查，逐渐向外（三四圈）至全部乳房检查完为止。然后再用同样的方法检查右边乳房。

3. 卧

平躺下来，右肩下放一个枕头，将右手弯曲至头下，重复"触"的方法，检查两侧乳房。

4. 拧

除了乳房，也须检查腋下有无淋巴肿大。以大拇指和食指压拧乳头，注意有无异常分泌物。

在自我检查中，如发现包块，要注意包块的部位、大小、软硬度、形状、表面是否光滑、能否推动等情况，并尽早去医院诊治。切勿滥用药物外敷、热敷、按摩或针刺等治疗，以防延误病情，影响疗效。

乳腺自检时间最好在每个月的固定时间进行。乳房内的肿块即使没有疼痛感，但感觉比较硬且边界不规则时，就可能是乳腺癌的早期征象。在乳腺癌早期，肿块容易被推动。当癌细胞侵犯皮肤或乳腺组织后，肿块的活动就会受限。这时如果将乳房轻轻向上抬，就可以看到下方皮肤出现微小的凹陷，严重时会出现乳头内陷、毛孔增大等现象。

另外，以下几种人易得乳腺癌。

有乳腺癌家族史、乳腺增生多年不愈、反复做人工流产手术、常用激素类药品或化妆品、未生育、未哺乳、肥胖或过多摄入脂肪、精神抑郁、经常生气、长期接触各种放射线、月经初潮早、绝经晚的人。

此外，很多女性体检时发现乳腺增生，就急着找医生治疗。其实一些良性增生不一定非要治疗，也没有特别有效的治疗方法，定期复查就是目前最好的治疗。

女儿，妈妈并不是危言耸听。我的目的在于能够使你对乳房疾病有个清醒的认识，然后在日常生活中，学会自检乳房。毕竟，你也长大了，要学会自我保护和预防疾病的产生。

第二章 Chapter 2

月经是青春期的产物，女孩不必惊慌

蝴蝶的长成需要历经破茧成蝶的过程，女孩也一样，女孩也是在慢慢长大。月经的到来就是女孩成熟的一个标志，它意味着女孩不再是小女生，开始走向成熟。因此，女孩不要害怕来月经，月经是你生理成熟的一个信号，也意味着你的身体状况良好。因此，不要总是抱怨月经来时会带来麻烦。相反，你应该感谢它的到来，要把月经当成自己的"好朋友"。

"好朋友"要来之前,有什么征兆吗

青春期成长事件

最近我发现女儿菲菲的饭量很大,有时候比她爸爸吃得都多。吃完了想睡,醒了又饿。幸亏是放暑假,不然这种精神状态可怎么学习?

有一天下午,我刚做完饭,女儿带着她的好朋友莉莉从外面回来,一进门就喊:"妈,我饿了。"

"马上开饭!"我应着。

"今天有没有多做饭?"一旁看报纸的菲菲爸爸问我。

"叔叔阿姨,我吃得不多,没事的。"莉莉赶紧说。

"不是,是菲菲吃得多,她最近又能吃又能睡,我有好几次做的饭都不够。"我解释道。旁边的莉莉吃惊地看着菲菲说:"不会吧,你以前是我们几个中吃饭最少的耶,长得也瘦小。"大家一起笑了。

吃饭的时候,菲菲狼吞虎咽的样子更让莉莉吃惊得不得了:"菲菲,你不怕吃胖啊,不要从一个苗条的小姑娘变成大胖妹啊!你还要形象不?你下午才和我一起吃了那么多零食耶,你还吃得下?"

"吃得下呀，没事，我不怕胖，我现在正长身体呢！需要补充能量。妈，您说对吗？"

"是啊，吃饱了才有精力嘛。"

"说到精力，我还真没什么精力，今天一天都很困，腰酸背疼的，肚子还疼，我还以为自己得了瞌睡症呢。"

其实，听完女儿的描述，我已经知道女儿可能要来月经了。果然，吃完晚饭，把莉莉送走后，女儿就在卫生间喊我："妈妈，我也和洋洋一样，来月经了。"

"怎么会这样呢？我怎么也会来呢？"菲菲不解地自言自语道。

"其实，你最近的这些症状就是你要来月经的预兆。"我对她说。

"是吗？那我要是还这样的话，是不是就可以推测自己要来月经了？"菲菲问道。我点了点头。

送给青春期女孩的话

月经是女性的一种正常生理现象。青春期女孩伴随着身体的不断发育，必然会面临"月经到来如何处理"的问题。月经是指有规律的、周期性的子宫出血。月经初潮是女孩生理发育达到一定程度，子宫内膜在卵巢分泌的性激素的直接作用下出现的剥离出血现象。正常的月经不是通常意义上的出血，你不妨把经血看成是机体代谢后排出的"废品"。月经又称为月事、月水、月信、例假、见红等，因多数人是每月来一次而称之为月经。近年来，对月经的俗称有所增加，如"坏事儿了""大姨妈来了""倒霉了"等。实际上，月经是青春期女孩的"好朋友"。

处于青春期的少女一般对月经没有什么经验，不知道什么时候会初次来潮，常常被这"不速之客"弄得措手不及。其实，在来月经前，是有一些生理上的反应的。

月经前，体内性激素的突然减少会影响全身系统出现一定的反应。这些反应一般在月经前7～14天出现，来潮前2～3天加重，行经后症状逐渐减轻和消失。医学上把这些变化比较明显的症状称为经前期紧张症。当然，并不是所有女性都有这些生理上的反应。

这些反常的信号有：

1. 精神上的异常

常见症状如神经敏感，烦躁易怒，全身疲乏无力等，有时还会引起头痛、失眠、思想不集中、嗜睡等情况。

2. 身体上的异常

常见症状如手脚颜面浮肿，腹部胀气感，大多数女孩还会有便秘现象及小腹坠痛和乳房胀痛等。

有一些女孩饭量会变得比平时大，总是觉得吃不饱，而另外一些女孩可能会没有食欲。也有一些女孩喜欢吃一些糖分较多的食物。

月经前症状有很多，即使是身体健康的女性也会感觉不舒服和性情改变，这些都称为"经前不适"，有些女孩月经前的症状比较严重，甚至会影响学习与生活。这时候最好去医院检查一下，防患未然。

不过，一般情况下，月经期并无特殊症状。月经来潮也不影响工作和学习。但女性在经期仍不宜从事重体力劳动或剧烈运动，且应注意经期卫生。

菲菲，妈妈告诉你这些，是想让你多了解一些月经前的信号，有助于为来潮做好准备，不至于因突然来到的月经而手忙脚乱。

"好朋友"不规律怎么办

青春期成长事件

来月经的菲菲总是"神经兮兮"的,除了每天缠着我问这问那,她的几个朋友也"遭殃"了。这不,刚下课,她就凑到洋洋身边,小声地对洋洋说:"洋洋,放学后,你等我一下,我有事问你。"

终于等到下课了,菲菲拦住洋洋,把她拉到一边问:"你'好朋友'来的时候有规律吗?"

"什么'好朋友'规律不规律呀?不明白。"

"嗨,就是那个,那个'好朋友'……"洋洋终于听懂了。

"规律呀,挺好的,就是第一次肚子疼。时间长了,就好多了,量也正常,时间也正常。"

"我这都五天了,还没完,我担心着呢!"菲菲很着急的样子。

"你别急,我也不是很清楚这些,回家问问你妈吧。"

菲菲回家后,向我问起这件事。看着菲菲担心的样子,我放下手中的家务,给她上起了生理课。

那么,如何区分青春期女孩的"好朋友"是规律的还是不规律的呢?

送给青春期女孩的话

月经的规律与不规律要从周期和量两个方面来考察。

处于青春期的女孩，因个人体质、遗传因素和环境等很多原因，初次来潮的年龄也会有所差异。一般来说，初潮年龄大多在 13～15 岁，不过随着人们生活水平的提高，女孩的营养比较全面，不少女孩甚至会营养过剩，因此月经的到来就会比大多数女生提前不少。现代社会女孩的月经初潮平均在 12.5 岁。

女孩月经第一次来潮称为初潮；出血的第一天称为月经周期的开始；两次月经第一天的间隔时间称为一个月经周期，一般为 28～30 天。经期提前或延后 7 天左右都属正常范围，周期长短因人而异。由于每个女性的身体机制不一样，因此来月经的周期也不一样。

部分女性在月经初潮后的前一两年之内，月经不能按时来潮，有时会提前或延后，甚至停闭数月，这是由于肾气未能充盛所致。这些女性只要无明显全身症候，待身体逐渐发育成熟后，机体自能恢复正常。这是常有的生理现象，一般不需要治疗。因此，女孩不必为此惊慌。

生活中也有少数女性，月经周期并不遵循每月一次的规律，而是定期两个月或三个月，甚至一年来潮一次。古人分别将定期两个月月经来潮一次者称为"并月"；三个月月经来潮一次者称为"居经"；一年一行者称为"避年"。也有极个别的妇女，终生没有月经来潮，但又不影响正常生育者，古人称之为"暗经"。还有的妇女在怀孕早期，仍按期有少量月经来潮，但对胎儿无不良影响，古人称之为"激经"。当然，这些都属于个别现象。

所以，当很多青春期的女孩发现身体见红的时候，不必惊慌。这是身体在发育的信号，只要注意月经期的一些小问题，并不会影响学习和生活。

很多女孩问："到底月经量多少才正常呢？我的月经量是不是正常的？"有这样的疑问很正常。月经量的多少关系着女性的健康和身体综合素质，所以不能忽视。每个女孩都应该对月经量有一个大体的认识，以便及时发现自身的某些疾病或不适。

月经量是指经期排出的血量。正常人月经血量为 10~58 毫升，个别女性月经量可超过 100 毫升。有人认为每月失血量多于 80 毫升即为病理状态，但也不尽然。

一般月经第 2~3 天的出血量最多。由于个人的体质、年龄、气候、地区和生活条件的不同，经量有时略有增减，均属正常生理范畴。月经量多少为正常很难统计。生活中，我们常用每日换多少次卫生巾粗略估计量的多少。正常的用量为平均一天换四五次，每个周期不超过两包（以每包 10 片计）。假如每月用 3 包卫生巾以上，而且差不多每片卫生巾都是湿透的，就属于月经量过多了。

女孩应该对自己的月经量有个大概的了解。如果月经量过多或者过少，就应该到医院查明原因，但不必过于惊慌。

那么，什么是月经不规律呢？

月经不规律，也就是人们所说的月经不调。一般泛指各种原因引起的月经改变，包括初潮年龄的提前、延后，周期、经期与经量的变化，都是女性疾病最常见的症状。月经周期不准，经量过多、过少，色泽紫黑或淡红，经血浓稠或稀薄等。

引起月经不调的生理原因主要有以下两种：

（1）神经内分泌功能失调。主要是下丘脑——卵巢轴的功能不稳定或是有缺陷，即月经病。

（2）器质病变或药物反应等引起。包括生殖器官局部的炎症、肿瘤及发育异常、营养不良；颅内疾患；其他内分泌功能失调如甲状腺、肾上腺皮质功能异常、糖尿病、席汉氏病；肝脏疾患；血液疾患等。此外，使用治疗精神病的药物或内分泌制剂者也可能发生月经不调。某些特定职业如长跑运动员容易出现闭经。

总之，青春期女孩要学会自检。当出现月经周期提前或错后 7 天以上，月经量少或点滴即净，月经量多或行经时间超过 8 天以上这些症状的时候，就是"好朋友"不规律了。此时，要及时向长辈寻求帮助，亲爱的女儿，这也是我告诉你这些知识的目的。

"好朋友"来了,有什么需要注意的吗

青春期成长事件

体育课上,体育老师问:"这是一次有强度的长跑训练,不舒服的同学请站出来,就不用参加了。"老师说完,有几个女生就站了出来。菲菲很奇怪:"怎么这么多人不舒服?怎么还都是女生?我的'好朋友'才来第二天呢,肚子不舒服,我都没有站出来。"

正当菲菲想这些的时候,莉莉踩了她一下。她虽然觉得奇怪,但没理莉莉。

长跑结束后,菲菲觉得肚子疼得更厉害了。这时,莉莉走过来说:"你这个笨蛋,怎么不站出来啊?你不是昨天'好朋友'才来吗?这下子肚子疼了吧?"

"怪不得你刚刚踩我呢?我哪儿知道'好朋友'来了就不能跑啊?就跑了几圈,就疼成这样,你又不早说。"

"这是常识。还用我说吗?那么多女生站出来,你都不明白?"

"我哪儿知道?你去帮我请个假吧,我肚子好疼。"

"好,你回家问问阿姨吧!还有好多经期要注意的问题呢。"

 **送给青春期女孩的话**

亲爱的菲菲,青春期"好朋友"光临的时候,身体比平时要脆弱。妈妈来告诉你需要注意的问题。

月经的降临往往让女孩紧张不已,所以女孩要学一些有关月经的常识和经期的注意事项,让自己从容地面对这个"好朋友"。

1. 要注意经期卫生

(1)卫生巾要勤换。由于积聚的血垢会刺激阴部的皮肤引发炎症,使细菌大量繁殖造成感染。因此,在行经期外出时要随身携带卫生巾(纸)备用。

(2)每天都要用清洁的温开水冲洗外阴。清洗时要从前面用水洗,不要从后面向前洗,以免将肛门附近的污物或细菌带到阴道口。

(3)千万不要在浴盆里坐浴,也不要游泳。

虽然来月经会给你增添不少麻烦,可它毕竟是女性走向成熟的标志。只要注意经期卫生,调节情绪,适当休息,月经就不会影响到你的日常生活!

月经是女性特有的一种生理现象,在月经期间,身体会出现一系列变化,身体的抗病能力降低,容易引起感冒和其他疾病。这是由于在月经期间,子宫内膜脱落形成一个创面,子宫口微微张开及盆腔充血等情况的发生,使原有阴道酸性分泌物被经血冲淡,此时细菌很容易乘虚而入。如不注意卫生,极易引起各种疾病。另外,在月经期间,大脑兴奋性降低,全身抵抗能力下降,人体容易疲劳患病,因此,经期要特别注意卫生,以保证身体健康。

2. 要避免剧烈运动和重体力劳动

女孩在月经期,一定不要从事剧烈的运动。如果在体育课上需要从事剧烈的运动,应及时跟老师请假。否则运动量过大会引起经血过多,经期延长,甚至闭经。月经期可参加一些轻度的运动和劳动。如正常的学习和工作,早操、散步、游戏等活动,这样可以促进血液循环。另外,月经期要注意休息,保持充足的睡眠,以增加肌体的抵抗力。

3. 要注意保暖，避免潮湿和受凉

月经期，女孩要特别注意不要让自己受潮和受凉。由于月经期身体抵抗力较平时会下降。如遇寒冷的突然刺激，子宫和盆腔里面的血管极度收缩，可使月经过少或突然停止。着凉后，还容易引起卵巢功能紊乱，导致月经失调。另外，着凉也容易感染其他疾病。所以，女孩在月经期一定要注意保暖。在生活中要注意，不要坐凉地，睡凉炕，洗凉水澡，用凉水洗脚，尽量避免被雨淋。即使夏天也要注意不吃生冷的食物。

4. 要注意饮食和情绪

经期要注意在日常饮食中增加营养丰富和易消化的食物；不吃生冷、酸辣等刺激性强的食物；要多喝开水，多吃蔬菜和水果，以保持大便通畅，有助于行经。

月经期，女孩情绪容易激动。这既是受内分泌系统和神经系统影响的结果，也是自我不适感的反应。由于情绪波动会影响月经的经期和经量，因此要尽量克制自己的情绪，保持乐观开朗、稳定的情绪。否则，会影响大脑皮层的调节功能，引起月经失调或停经。

在饮食上，女孩更要注意。月经来潮的前一周饮食宜清淡，应吃些易消化、富含营养的食物。可多吃豆类、鱼类等高蛋白食物，多吃绿叶蔬菜和水果。还要多饮热水，以保持大便通畅，减少骨盆充血。月经来潮前既不要吃刺激性食物，也不要吃肥肉、动物油和甜食。

青春期少女，应该认真学好经期的生理卫生知识，以便合理地安排经期的饮食起居，防止月经病的发生。

"好朋友"在学校突然来了,如何应对

青春期成长事件

菲菲回家后经常会跟我说一些学校的趣事。我们那个年代也一样,经常有耳语流传着班上谁开始来月经了,谁开始用文胸了。是啊,十二三岁的少女对自己的身体变化是否正常总是无法确定,即使是下课一起手牵着手排队上厕所的同学,也很少针对这种话题相互讨论。就算私语也是悄悄地,不敢张扬。无论是月经还是文胸,都是羞于见人的字眼。一天,菲菲告诉我一个秘密:

"我的同桌告诉我,她的初潮是在学校来的。那天来潮时,几节课下来她的屁股就没敢离开过座椅,也不敢立起身,害怕沾血的裤子被人看到,担心座椅上的血迹斑斑被值日生发现。等到放学后,同学们都回家了,她偷偷将座椅擦拭干净才离开。更糟的是,放学后不敢走大道只能抄小路,还钻进了一家澡堂把弄脏的裤子洗净后才敢回家。到家后她面对母亲的责问,回答是:'衣服脏了就顺便洗了。'我听完后,笑了半天。妈妈,要是我在学校'好朋友'来了怎么办呢?我也不想被同学知道。"

事实上,听完女儿的话,我也笑了。谁没有年轻过,谁没有无知过呢?为了让女儿放心,我给她讲了一些如何应对"好朋友"突然造访的对策。

送给青春期女孩的话

过去，由于生理知识的匮乏，很多女孩到了青春期以后，会对经期的一些症状，如恶心、腹胀、痛经，以及情绪不稳定、紧张易怒等感到束手无策、难以应对。又因为害羞、不好意思而不愿意向包括妈妈在内的人咨询、了解，这样难免会产生恐惧心理，形成来月经就是"倒霉"的心态。实际上，青春发育期开始后，子宫内膜在雌激素和孕激素的作用下产生的月经，是一种正常的生理现象。正常、健康的少女都必然要来月经，始终不来月经可以肯定是一种病态。有些少女把来月经叫作"倒霉"，其实，不来月经才是真正倒霉呢！来了月经后，女孩不必紧张，也不必害羞、怕臊，大胆地把来月经后出现的一些问题告诉妈妈或女老师，请她们帮助你。

青春期的少女对月经都有一些困惑，当月经光临时也不知道该怎么办。尤其是在学校时，月经突然造访往往会弄得女孩措手不及且十分尴尬。其实，应对这种突发状况的办法很简单，就是随时在书包或者抽屉里放一包卫生巾。当然，如果恰好身边没有卫生巾的话，女生还可以这样：

（1）如果是初次行经，通常出血量都不多。因此，你有足够的时间向同学借或去商店买卫生巾。

（2）如果月经在上课时间突然到来，可以向老师示意自己肚子疼，要上厕所。一般作为成年人的老师都会明白你的意思，并同意你的请求。

另外，每个女孩在学校都有要好的朋友。这时候，就是"体现友谊"的时候了。当你感觉自己"有情况"或者怀疑"到时间"了，可以对你的好朋友示意，让她看看自己裤子是不是脏了。此时，千万不可贸然从椅子上站起来，男同学看到了会让你很尴尬。如果真的有"情况"时，也不要慌张。找件外衣系在腰上，或是找一本大大的书用手拿着背在身后，再让好朋友掩护着离开教室。

（3）如果经血量不是很多，身边又有足够的卫生纸或纸巾的话，可以把卫生纸反复折叠到足够厚度来使用，以解燃眉之急。

（4）学校里的任何一位老师都会帮助你的。可以请老师支援你一片卫生巾救急（如果你自己没有准备的话）；还可以请老师帮忙给你妈妈打电话送套干净衣裤或是帮你临时找件能替换的；如果肚子又痛又胀，影响到上课，也可以请老师帮你弄些热水、红糖水喝，或是找个地方稍稍休息一会儿。

　　菲菲，这些现象都是青春期女孩必须经历的，属于正常的生理现象，没有什么不好意思的。当然，你也不必惊慌或害羞，你绝对不是第一个出现这种情形的！因此，最好的办法就是"既来之，则安之"，平心静气地接受它，用合适的方法解决问题、应对问题。

卫生棉条是什么

青春期成长事件

女儿菲菲有很多爱好,跳舞就是其中之一。八岁那年她就开始学芭蕾舞,几年下来也获过很多奖项,我一直为她感到骄傲。

升入中学以后,女儿学习任务增加很多,跳舞的时间也少了。但依然定期去学,没有间断。这不,女儿又要代表学校参加全市的青少年才艺大赛。我和菲菲爸爸都很有信心,相信女儿肯定会成功。

比赛前几天,菲菲来找我说:"妈妈,我这次要出丑了。"

"怎么了,你跳得一直很好啊!别担心。"我安慰她。

"不是,我算了一下,我的'好朋友'刚好那几天来,搞不好正赶上演出那一天。你说,我穿着白色衣服在舞台上跳来跳去,身上还垫着卫生巾,很容易出事的,到时候糗大了。再说,跳起来动作也不灵活,怎么办呀?"菲菲很着急的样子。

"我想想看。既不能吃药闭经,也不能放弃。要不,你戴卫生棉条吧。"

"卫生棉条?那是什么?我只用过卫生巾,没用过卫生棉条,有什么害处吗?"

"放心,你就用这一次,只要平时不常用,对身体就没有什么负面作用。来，我慢慢跟你说……"

于是，就经期使用卫生棉条的问题，我详细地解释给女儿听。

🔔 送给青春期女孩的话

卫生棉条，简称棉条。它是一种棉质的圆柱体，在女性月经来潮时，可置入阴道中吸收经血。卫生棉条的材质主要是由棉、人造纤维或这两种材质混合而成，直径从1厘米到1.9厘米不等，尾端附有棉线（拉绳）。卫生棉条尖端的圆弧程度因不同品牌而有所不同，使用者可依自己的习惯选择。卫生棉条的本体上常有直线型或斜纹型的压痕，以增加卫生棉条导流的能力，在吸收经血膨胀时能与阴道壁贴合。

很多青春期女孩认为使用卫生棉条比较方便，利于活动。实质上，长期使用会对身体有害无益。

由于卫生棉条堵塞在阴道口，造成血液淤积，从而为细菌提供了一个繁殖的环境。同时，卫生棉条中或多或少会存在一些化学物质，有些女孩体质敏感，很容易因为感染病菌而引发一些妇科问题。其最直接的后患就是容易患上由金黄色葡萄球菌引起的急性感染，导致发烧、头疼等症状，重者还会引起死亡。

经期经血得以顺利流出是依赖女性生殖道通畅的特点，使用卫生棉条则人为地阻止了经血外流，按道理说是不符合生理的。但在某些特定的情况下，如运动员或舞蹈演员必须在经期参赛或演出时，使用卫生棉条可帮助她们临时解除困境，不失为一个好办法。

所以，青春期女孩最好不要使用卫生棉条。如果必须使用的话，也应注意以下事项：

（1）购买时，确认产品是否有卫生合格证。

（2）使用时需要每隔3～4小时更换一次，以消除细菌生长的条件，保证身体的舒适和卫生。

（3）不使用已经受到污染的卫生棉条，一旦发现，应立即丢弃。

（4）不在月经量少的日子使用。

（5）为防止二次感染，使用前要清洁外阴部，先洗手再开包装，不要碰脏棉条顶及体部，以免带入病原体。

（6）提倡与卫生巾交替使用。夜间睡眠时最好使用卫生巾。

亲爱的菲菲，偶尔用一次卫生棉条，对身体影响并不会太大，而且能帮助你避免舞台上的尴尬。但不可因为它使用方便，就经常使用，这样既不卫生也不健康。在"好朋友"来临时，还是用卫生巾较好。

第二章 月经是青春期的产物，女孩不必惊慌

使用卫生巾特殊部位为什么会瘙痒

青春期成长事件

有一天,菲菲给我打电话,说有急事,晚上会晚点回家。我刚开口想问什么事,她就挂了。到了晚上八点钟,菲菲才回来。

"上哪儿去了,这么晚?"

"陪阿芳去医院了,医院手续太麻烦了!她妈妈又出差不在家。"

"医院?阿芳怎么了?出什么意外了?严重不?"我着急地问了一连串。

"今天下午下课的时候,阿芳突然跟我说下面很不舒服,很痒,我问她是不是'好朋友'来了,她说是,又说自己一直用那个牌子的卫生巾,这次妈妈不在,只能自己去买了。她告诉我上课的时候就不舒服了,又不好意思开口请假,一直忍着。我就建议阿芳去医院看看,怕是得了什么妇科疾病。"

"那医生怎么说?"

"医生没怎么说,给阿芳开了一些清洗的药,说很快会好的。"

"哦,那你知道为什么阿芳经期用了卫生巾阴部还痒吗?"

"不知道,为什么?"

"那让妈妈来告诉你吧,以后你要注意……"

> 🔔 **送给青春期女孩的话**

青春期女孩，引起阴部瘙痒的原因很多，不一定单纯是卫生巾的问题。

一般情况下，引起阴部瘙痒的原因有以下几种：

1. 没有及时更换卫生巾

一项调查表明，日本女人在月经期间平均每天更换 6 次，而中国女人为 3 次。上海市国际妇婴保健院名誉院长程立南教授对此建议，卫生巾最好每 2～4 小时更换一次。

2. 身体清洗不净或者阴部不通风

用卫生巾前不洗手。在使用卫生巾前不洗手，很容易在使用过程中把手上的病菌带到卫生巾上。

天气太热时来月经，阴部通风不好，也会造成阴部瘙痒。

3. 卫生巾保存不当

卫生巾多为非织造布制作，受潮后材料变质，细菌易侵入繁殖。而多数人将卫生巾长期放在卫生间里，终日不见阳光，很容易繁殖霉菌。因此，拆包后的卫生巾应放在干燥、洁净的环境里，受潮后不宜再使用。

4. 卫生巾材质不适合引起皮肤过敏

经常使用带有药物或香味的卫生巾也是引起皮肤过敏的原因之一。药物保健卫生巾在一定程度上能对经期女性起到保洁作用，但并不能够杀菌，健康女性没必要使用。

5. 忽略卫生巾的有效期

一般来说，卫生巾多采用高温消毒的方法灭菌，但一次性消毒灭菌的有效期毕竟有限，超过期限就没有无菌保障了。

外阴瘙痒可由各种原因引起，一般应以预防为主，尤其是在经期。处于青春期的女孩首先要注意经期卫生，保持外阴清洁干燥，切忌搔抓、用热水洗烫和使用肥皂。一旦感染，应使用高锰酸钾溶液坐浴。内裤要透气、宽适，忌酒及辛辣或过敏食物。卫生巾也要放在通风干燥的地方。使用卫生巾前，要注意卫生巾的干净，还要选用适合自己的卫生巾。当发生感染时，可以在局部涂擦神经性皮炎药水，或使用含有皮质激素的软膏，贴用肤疾灵、特美肤涂膜等。情况严重时，局部可用深度 X 线照射，或用同位素 90 锶贴敷。如局部有红肿，则需用抗生素治疗。

女孩在经期时，免疫力低下，易受细菌感染。菲菲，妈妈告诉你这些是希望你懂得自我呵护，学会自己坦然面对经期的问题。

"好朋友"来了，"那里"怎么清洗

青春期成长事件

夏至过后，天越来越热了。吃完晚饭以后，我想让菲菲去洗澡，洗完澡落了汗就凉快了。我在厨房喊着："菲菲，去洗澡，一会儿再玩。"

房间里的菲菲好像没听见似的，居然没答应我。我又喊了几次，还是没听见她回应。我纳闷了：这菲菲是怎么了？我推门进去，看见女儿正弄了一盆水，蹲在那里。我这时才突然想起来，菲菲的"好朋友"来了。看见我进来，菲菲脸都红了，结结巴巴地说："妈，这是特殊时期，我不能洗澡，就弄了一个盆自己洗一洗。"

"你注意卫生很好，但是你这也不安全呀！你知道这盆我平时是干什么用的吗？而且谁说经期不能洗澡？咱家是淋浴，不是刚好适合吗？我把你爸爸支开，一会儿我带你到卫生间洗澡去。"

我把菲菲爸爸"赶"进了卧室，菲菲这时候才大大方方地去洗澡。在卫生间，我告诉了菲菲如何在经期清洗阴部的知识。

> 送给青春期女孩的话

实际上，经期是应该洗澡的，洗澡也是经期卫生工作的一部分。另外，经期一定要清洗阴部，因为要避免细菌的侵入和感染。那么，怎样正确地清洗阴部呢？

（1）勤换卫生巾，每天用温水清洗两次外阴。

（2）阴部与足部要分开洗。先洗净双手，然后从前向后清洗外阴，再洗大、小阴唇，最后洗肛门周围及肛门。晚上洗漱时，要注意一定的清洗顺序。清洗外阴、洗涤内裤后再洗脚；不要长期滥用抗生素和化学药物冲洗阴道，以防菌群失调引起霉菌性阴道炎等。

在日常生活中，要专盆专用，毛巾也不要和家人混用，毛巾要定期煮沸消毒。患有手足癣的女性一定要早治疗，否则易引起霉菌性阴道炎。

（3）经期不能坐浴。这是因为，月经期子宫内膜脱落，宫腔留有创面；宫颈黏液被经血冲出，宫颈口微微开放；阴道内有经血停留，是细菌的良好培养基。这些导致生殖道局部的保护性屏障作用暂时遭到破坏，再加以月经期全身抵抗力下降，盆浴时，污水及阴道中细菌便可能经宫颈管上行至宫腔而引起感染，故应该禁止。

如没有淋浴条件清洗，可以盆浴，但要做到"一人一盆一巾一水"。还要将阴部与足部分开洗。要以温水洗，不要洗冷水浴。

（4）在清洗阴部时，应该注意选择专用清洗液。经期阴部容易产生异味，尤其在夏季，于是，很多女孩子在洗澡时，顺便拿沐浴露清洗阴部，这样做虽然省事，但很不健康。表面上看，这样是清洗了阴部，实际上却更容易引起感染并引发一些疾病。因为平日女性阴道内是弱酸性环境，能抑制细菌生长，但行经期阴道会偏碱性，对细菌的抵抗力降低，易受感染，如果不使用专业的阴道清洁液或用热水反复清洗，更会导致碱性增加。因此，清洗阴部需要选择专业的阴部清洗液，尤其在经期。

（5）不要洗冷水浴。女孩子应该都知道，在月经期要保护自己不能受潮受凉。而有些女孩子养成了喜欢洗冷水澡的习惯，尤其是夏天出汗后。实际上，这对身体有很大的害处。

女性因其特殊的生理原因，特别是在经期的女孩，遇到冷水的刺激会引起女性内分泌失调、闭经、腹痛，而且许多细菌也会进入阴道引发阴道炎等妇科疾病。严重的对女性以后怀孕、生理健康都有一定的影响。

亲爱的女儿，在月经期间身体抵抗力比较弱，而且会遇到很多问题。在清洗阴道的时候要小心，不要盲目地清洗，要加强自我保护意识，养成良好的卫生习惯并注意一些"小节"。我相信，只要你懂得自我保护的知识，你的青春期一定会是健康、快乐的！

月经前的集中不适症状如何调节

青春期成长事件

菲菲是个重视友谊的姑娘。她的朋友中无论谁找她帮忙,她都很乐意。这不,下午一放学她就放下书包直奔阿芳家去了。她没说原因,但我估计又是阿芳身体不舒服了。阿芳身体一直不好,爸妈又常年不在家,都是自己照顾自己。

下午回来后,我听菲菲讲了事情的经过。早上,菲菲去喊阿芳上学时,阿芳躺在床上对菲菲说:"菲菲,你今天帮我跟老师请个假吧!一会儿我再打个电话,我'好朋友'来了,这次好痛,痛得受不了了,今天就不去学校了。回头还得麻烦你帮我补一下课。"这不,菲菲刚从她家补课回来。"她情况还是不大好,我让她吃点药,她说吃药不好。妈妈,你说我的反应怎么没那么大呢?我每月'好朋友'来的时候只有一点儿疼。做女人真是可怜呀,哎!"小丫头一本正经地叹着气,我看着她哭笑不得。孩子毕竟是孩子,这么一点儿小事,就让她伤感半天。

我对女儿说:"每个女人在经期前的反应是不一样的,但只要做好调节工作,将反应降到最低,一般是不会影响学习、生活和工作的。"

"那该怎么调节呢?您告诉我,我回头告诉阿芳,希望她能感觉好点。"

于是，针对经期肚子痛、情绪不稳定、行动不方便等问题，我给女儿做了一些讲解。

🔔 送给青春期女孩的话

1. 经期肚子痛

来月经时肚子痛，就是人们常说的"痛经"。有不少女孩经期有痛经的症状。在行经前或经期会感到腰酸、下腹坠胀，个别人还会有全身无力、容易激动发脾气等表现，但一般不影响日常生活。所以，女孩不应该自作主张服用止痛片。

其实，痛经也是有一些原因的。引起痛经的原因很多，既有生理的，也有心理的。

生理上的原因包括经血不畅、体质虚弱、气血不足、子宫位置异常、子宫颈口狭窄、子宫发育不良、子宫收缩增强或不协调等。尽管痛经在月经过后会自然消失，但若不采取积极的预防措施，也会造成身体和精神上的痛苦。

心理上的因素包括情绪激动、抑郁、精神紧张等。有时过度疲劳、剧烈活动、淋雨、受凉、大量食冷饮等也可以引起痛经。

那么，如何减缓痛经呢？

（1）痛经的发生主要和自身身体素质有很大关系。因此，女孩要在平时多加强体育锻炼，消除对月经的恐惧、忧虑和紧张情绪；注意经期卫生，行经时避免过度劳累，少吃生冷和刺激性的食物，并避免淋雨或洗冷水澡、淋雨等。

（2）女孩可以喝一杯热红糖姜水，或采取俯卧休息，也可在下腹部放一个热水袋或用热毛巾轻轻揉腹部。轻微活动一下也有助于排出子宫内的充血，从而缓解疼痛。

（3）寒冷、淋雨、用凉水洗澡等会加重腹痛，应该尽量避免。

（4）如果疼痛非常厉害还可以服用去痛片、安定片等药物，这样短时间就可以止痛。当然，药物要在医生或者家长的指导下服用。重者应该去医院就诊，尽量不要让痛经影响到自己的学习和生活。

痛经会随着女孩年龄的增长有所好转，并不是什么病。因此，不必担忧。

2. 行动不便

来月经时，青春期女孩应该避免剧烈运动，但女孩在经期还是可以进行适当的体育锻炼的。那么，女孩子应如何进行经期体育锻炼呢？在正常月经期，女孩完全可以参加适当的体育活动。适度的运动和锻炼，不仅对月经没有影响，还会促进女孩的血液循环，增强抵抗力。对于初来月经的少女来说，在初潮后的一两年内，由于发育尚未完全成熟，容易受到不良因素的干扰和刺激，引起月经不调或闭经。所以，在这个时期适宜做些体力强度较小的锻炼，如徒手操、排球、乒乓球等。随着发育的成熟和月经周期的规律化，可逐步加大运动量。

当然，女孩在经期要注意避免进行剧烈的、高强度的活动，如长跑、急跑、跳高、跳远、跳箱、高低杠等；也不宜进行增加腹压的力量性练习，以免造成经血过多或子宫位置改变。在经期还应禁止游泳，因为经期本身就应该忌冷水；而且，在月经期子宫口开放，易受感染。

此外，月经期还不宜参加体育比赛。因为体育比赛时精神紧张，活动量大，容易引起月经紊乱、腹痛、经量过多或过少等症状。患有痛经、经量过多或其他疾病的女孩子在月经期要适当休息，减少或停止锻炼，并加以积极的治疗。

3. 情绪不稳定

经期女孩要注意调节情绪，劳逸结合。如果情绪过度波动、紧张，会引起中枢神经系统与下丘脑垂体间的功能失调，促使性腺激素的分泌受到影响而引起月经不调。

的确，很多女孩在月经来潮前和行经时，常会伴有一些恶心、食欲缺乏、头痛、失眠、乳房胀痛、腰酸背痛、便秘或腹泻之类的症状，甚至出现眼皮、下肢浮肿等现象；在情绪上也与平时完全不同，或表现为暴躁、易怒、好斗，或表现为压抑、忧虑、懒散、倦怠、脆弱、好哭泣。对此，女孩应学会情绪上的自我调节。不妨干些自己乐意做的事，听听音乐、和朋友聊天、和家人一起散步等。另外，要多喝开水，多吃水果、蔬菜。注意饮食清淡，不可过食辛辣生冷食物，以减少子宫充血，并保持大便通畅。这样，对心情也会有所帮助。

青春期女孩，对月经还没有全面的认识。当月经来临时，对月经带来的身体不适，往往"招架不住"。特别容易情绪低落，发怒，这会影响日常的生活和工作。

亲爱的女儿，妈妈希望你能慢慢学会自我调节。毕竟，月经是伴随一个女人大半生的生理现象，学会调节，对安全度过月经期是很关键的。

第三章
Chapter 3

接纳身体的发育，大方面对私密问题

女孩进入青春期之后，在荷尔蒙激素的作用下，作为第二性特征的一些标志也会出现在她们身上，如长出阴毛、腋毛等。另外，青春期女孩还会遇到一些让自己尴尬的事，比如内裤上经常会留下白的东西，阴部会出现瘙痒等。本章将介绍一些相关的知识，从而让青春期女孩能够平静地接受自己的成熟，并且学会处理自己遇到的一些相关问题。

身体突然长了很多毛发,太难看了

青春期成长事件

一天放学后,菲菲气喘吁吁地冲进家门,对我说:"妈,大事不好了。"

菲菲一惊一乍的,吓得我炒菜的勺子都差点掉在地上。

"妈,上次洋洋在咱们家穿裙子的事情,你还记得吗?"

"记得啊!怎么了?"

"你说洋洋身上那点汗毛很正常。其实,我也不觉得什么。可是我今天终于看到什么是小猿人了。我们班有个女孩,毛发很旺盛。天啊!我估计您看到以后就不会说正常了。"

"你以前就没发现吗?"我问菲菲。

"没有。以前她也和洋洋一样穿长衣长裤,即使夏天也这样。最近,可能是被洋洋'撺掇'的,也穿起了裙子,我们才看到的。我们班好多人议论呢!我估计,她要恨死洋洋了,洋洋也要恨死你了。"

"是吗?我说洋洋的毛发生长正常,但也没说所有人都这样啊!要知道,每个机体的毛发生长都是有差异的呀。"

"妈,您还是把我们这些青春期的女孩子为什么会长毛,何时长,到底多少才算是正常这些问题一起告诉我吧!不然我以后都不敢穿裙子了。"

针对菲菲的疑问,我对她的问题进行了回答。

送给青春期女孩的话

青春期发育涉及全身的所有部位,其中最引人注目的就是身材长高、乳房长大和出现月经。使青春期少女意识到身体正在发育的信号莫过于"第二性征"的出现了。从第二性征出现的先后顺序来说,少女的毛发算是较早的发育信号。当女孩到了10～13岁时,卵巢发育日见成熟,在其分泌的性激素刺激之下,阴毛也陆续萌出。最先萌出的阴毛显得稀少而柔软,随着年龄的增长,阴毛的颜色加深,粗而卷曲,呈倒三角形分布于阴阜上。一般情况下,女孩子的发育过程中,大部分是先有阴毛的萌出,之后才见月经来潮。但也有些人阴毛萌出可能是在月经来潮之后,甚至是推迟到18岁以后才长出阴毛。

女性阴毛的生长分为六个时期,每个时期都标志着女孩离成熟越来越近。

第一个时期:10岁以前,尚无可见的阴毛。

第二个时期:10～11岁,稀疏生长起长而柔软的阴毛,且轻微卷曲。

第三个时期:12～13岁,阴毛增多,并渐渐卷曲,粗而黑。

第四个时期:14～15岁,阴毛扩展覆盖阴唇。

第五个时期:16～17岁,阴毛扩展到耻骨区,成为成人型。

第六个时期:18岁时,阴毛呈典型的倒三角形分布到大腿内侧。

中国女性一般在14岁时开始出现阴毛,到十七八岁,阴毛的疏密状况基本定型。每个人的身体机制不一样,阴毛的生长情况也不一样,但阴毛的有无、疏密一般会取决于两个因素:一是体内肾上腺皮质所产生的雄性激素的水平;二是阴部毛囊对雄性激素的敏感程度。

在女性阴毛发育期，如果由于某种原因使肾上腺皮质产生的雄性激素水平低下，或阴部毛囊对雄性激素不敏感就会造成阴毛稀疏或不长阴毛。有些女孩因为阴毛稀疏，担心自己是不是有什么问题，甚至怀疑自己的生育能力。

其实，在现实生活中，阴毛的疏密个体差别很大。阴毛稀少或无阴毛的妇女，如果其他第二性征正常（如乳房发育、体型、声音变化等），月经按时来潮，就说明性器官的发育及性功能不会有什么问题，能够过正常的性生活，也会有正常的生育能力。阴毛对人体并没有什么特别的作用，也不是反映性功能或生育能力的标志，这已被日常生活中的大量事实和科学研究所证实。所以，阴毛稀少或无阴毛的女性不要为此而烦恼和担心。

也有一些女孩，虽已年过18岁但外阴部和腋窝依然毫无毛发萌出的迹象。她们也因此相当苦闷和焦急，担心会影响结婚和生育。到底少女为什么不长阴毛和腋毛呢？

原来，人的毛发分两类：一类不受性激素的影响，包括头发、眉毛和眼睫毛等；另一类是在性激素的影响下逐渐长出，如阴毛和腋毛。少女的阴毛和腋毛是在雄性激素睾丸酮的刺激下长出来的。有些女孩体内雄性激素较少，或是毛囊对雄性激素不敏感，而后就可能表现为阴毛稀疏，甚至不长阴毛。

所以，不能单凭有无阴毛和腋毛来判断是否进入青春期，更不能以此来判断一个人有没有生育能力。

另外，也有一些女孩毛发生长比较旺盛，这是有一定原因的。

由于青春期女孩性腺刚发育成熟，功能特别活跃又不太稳定，雄性激素的制造量就容易"越轨"。女孩雄性激素量略微增多，体征表现就很明显，随即引起毛发生长的变化。皮肤内毛发生长的"基地"称为"毛囊"。如果毛囊对性激素敏感，毛发便长得快，长得粗，颜色深。反之，如毛囊对性激素敏感度偏低，毛发生长速度便可能较慢，也长得细，颜色浅。但是毛发，包括胡须生长，并不仅仅与激素水平有关，还受遗传等多种因素影响。

但是，如果女孩身体的某些部位，如上唇长出与男人一样的胡须，胸前长出又粗又黑的护心毛，阴毛多而呈正三角形，这就是毛发发育异常了，可能就是"症状性多毛症"了。此症虽比较少见，但要引起足够重视，应及时治疗。

它极可能因为某些疾病如卵巢、肾上腺、脑垂体的肿瘤病变导致雄性激素分泌增多，或者雌、雄激素的比例失调造成的。

青春发育期的女孩，只要月经正常，乳房发育良好，身上汗毛略长一些或者浓密一点，并非异常现象，也不必担心。相信菲菲和她的同学听完这些以后，应该对毛发的生长有一定了解了。

修剪腋毛，可以吗

青春期成长事件

女儿菲菲是个爱臭美的姑娘，一到夏天就喜欢穿裙子。

有一天，菲菲一大早就起床了。我还在梦里就听见菲菲喊："妈，我那件天蓝色的吊带裙呢？"

"什么吊带裙呀，你夏天的裙子我都放在你的橱子里。"我迷迷糊糊地回答。

好不容易清静了一会儿，菲菲又进了我房间，在梳妆台上找了一会儿后离开了。

后来，我发现菲菲在用我的眉刀刮腋毛呢！我吓了一跳，对菲菲说："你干吗呢？小心刮伤了。"

"你刚才睡觉呢，就没打扰你，借用一下啊！"菲菲若无其事地回答。

"你这是做什么呀？"

"今天莉莉要带我去参加一个聚会，好像还有很多外国女孩呢！我肯定要比她们漂亮，你看我今天想穿那件天蓝色的吊带裙，但这腋毛太影响形象了。于是，我就想刮了它，应该没什么问题的。"

第三章 接纳身体的发育，大方面对私密问题

"菲菲，你刮一两次可以，但不能经常刮。腋毛的作用大着呢？"

"它有什么作用？夏天一出汗，就会滋生细菌。"

为了纠正菲菲的错误观点，我要给她好好上一课。

送给青春期女孩的话

吊带裙、无袖衣是很多女孩夏天的必备服装，但一伸出胳膊就会露出讨人厌的腋毛，让美丽大打折扣。因此不少女孩会频繁地剃除腋毛。有人使用脱毛膏，有人用拔毛钳，有的人甚至去做脱毛手术。实际上，频繁地剃除腋毛不但伤害皮肤，方法不当还会引出一些不必要的麻烦。

由于腋下的皮肤组织较薄嫩、敏感，人体活动会牵拉腋窝周围的皮肤，使其产生摩擦，而腋毛能有效缓解摩擦给皮肤带来的伤害。

每个青春期的女孩都很爱美，但爱美的前提是不损害健康。现在市面上流行的脱毛产品中，脱毛膏里含有一些化学物质，往往会发出难闻的刺鼻气味，对毛囊和皮脂腺造成一定损伤。特别是一些持久性脱毛膏，对皮肤损伤更大。再加上腋下皮肤有夹缝，易出汗，皮肤环境湿热，很容易造成细菌感染或发炎等症状。长期使用的话，药性成分会通过皮肤表皮及毛囊，进入皮肤深层破坏毛发正常的生长过程和周期，也会使毛发在重新生长修复的过程中更长更粗。如果是过敏性肤质，受到这种刺激还容易引起瘙痒、红斑、丘疹等症状。

因此，青春期女孩应该用正确的态度看待腋毛，这是正常的生理现象。不要因为某些错误的观点而损害自己的健康。最好不要频繁地剃除腋毛。如果一定要剃除，应先用剪刀将其剪短，再用剃刀仔细刮干净。但不要残留根状毛发，否则毛发会倒刺入肉内，刺伤皮肤。另外，感觉腋下有汗时，可以用湿纸巾擦拭，以保持腋下干爽。脱毛后，可以适当擦一些润肤霜，但最好不要使用爽身粉等粉状物，以免堵塞毛孔，影响排汗。

亲爱的菲菲，腋毛是你进入青春期的标志之一。妈妈告诉你这些，是希望你能正视腋毛的存在。爱美之心，妈妈可以理解，但更要注意身体的健康。

我是女孩子，为什么也会长胡子

青春期成长事件

我的侄女文文和菲菲同岁，也是个爱美的姑娘。有一次，她来家里玩。一进门，她捂着脸就进了菲菲的房间，吃饭时也不出来。后来，我在门外不小心听到她俩的谈话。原来文文发现自己嘴角居然和班上某些男生一样，长了一些小胡子。因此感到很尴尬。

等文文走后，菲菲也很奇怪地问我："为什么女生也会长胡子呢？是不是文文不正常啊？文文说周围的同学已经开始指指点点了，她还想上医院做脱毛手术呢！"

"长点小胡子很正常，不要太在意。"我说完准备走开，又被菲菲拉了回来，她的好奇心似乎还没有满足。

那么，到底为什么有些女孩也会和男孩一样，长出一些小胡子呢？

送给青春期女孩的话

生活中，我们会发现某些女性毛发生长好像比正常人旺盛，甚至在上唇、颊旁和下颌等处也长有胡须。这给一些女性带来很大的精神负担，有的为此羞于见人。这是怎么回事呢？要搞清这个问题，首先要了解毛发的生长机制。

毛发的生长受神经、内分泌系统的控制及调节。其中内分泌雄性激素代谢的影响最为明显。雄性激素有刺激毛发细胞生长的作用，如果青春期女孩的雄性激素分泌失调，则容易在躯干、四肢、腋窝甚至面部长毛。另外，一些病理性原因也可导致女性长胡须，比如糖尿病。不过，女性因糖尿病长胡须多见于更年期女性，青春期女孩一般不会出现此病状。

所以，文文很可能是因为雄性激素过多导致内分泌失调而长出胡须的。

目前来讲，去除唇上的汗毛有几种方法可以考虑，但不能自行处理，以免产生危险。如果希望短期有效果，可以考虑脱毛膏、蜜蜡、贴布等方法，这些方法都可用来对付那些柔软细小的汗毛，可以将大面积的毛发快速清除，尤其像贴布脱毛，轻巧、方便、持久。但是这种方法的缺点就是对肌肤刺激比较大，如果你的肌肤容易过敏，或者用得太过频繁，会造成红肿过敏，那样的话，多毛的上唇会更难看。所以，青春期女孩要谨慎采用这种方法，如果真想去掉小胡子，最好先咨询相关专家或者医生。

实际上，长点小胡子很正常，青春期女孩既不必大惊小怪，也不必自卑。

内裤上为什么会有白色的东西

青春期成长事件

一天大清早,我刚起床就看见菲菲蹲在卫生间开着水龙头洗衣服。我走进卫生间准备刷牙,却被女儿赶出来:"等我洗完您再来刷牙。"

难道菲菲在洗内裤?"好朋友"来了?等菲菲出来后,我追问:"女儿,洗什么呢?"

"没什么!"

"肯定有什么,不然你还关着门,连妈妈都瞒着。"

"那好吧,但你答应我不能跟别人说哦!我发誓,我没有做什么坏事。"看着女儿一脸认真的样子,我答应了她。

"我发现最近我身上居然会流出一种白色的东西。也不知道是什么,我感觉那白色的东西很脏。没办法,我只好每天洗内裤。我是不是得了什么妇科病啊?"

看样子,菲菲已经被这个问题苦恼好几天了。其实,这种白色的东西是白带。

送给青春期女孩的话

众所周知，月经的来临宣布女孩逐渐成熟。其实，白带和月经一样，也是女性一种正常的生理现象。随着年龄的增长和身体的发育，卵巢功能不断完善。阴道内会有一种乳白色或透明的液体流出，量时多时少，这就是白带。

白带是由许多组织分泌的液体共同组成的，包括尿道旁腺、前庭大腺、子宫颈腺体以及子宫内膜腺体分泌的黏液、阴道壁中毛细血管和淋巴管的渗出液。混合后的黏液中含有阴道上皮的脱落细胞及少量白细胞，即形成白带。

白带一般和女性体内的雌激素水平有关。一般经期后白带量减少。至排卵期前，因体内雌激素水平升高，促使宫颈腺体的上皮细胞增生，宫颈黏液的分泌量增加，黏液中氯化钠含量增多并吸收较多的水分，使排卵期时白带增多。

女孩对内裤上的白带不必担心，也不要害羞，这是女性成熟的一大标志。很多女孩对白带感到惶恐、紧张甚至认为是淫秽的东西。其实，白带有其独特的作用。

具体说来，其作用主要体现在以下方面：

（1）白带是阴道的润滑剂，起着保护阴道壁的作用。因骨盆底肌肉的作用，女性阴道口闭合，前后壁紧贴。而女性阴道内流出的白带中的水分使女性的阴道处于湿润状态，这种湿润环境能减少阴道前后壁之间的摩擦而带来的损伤。

（2）自洁作用。这与白带的成分有关，白带中含有丰富的糖原，糖原在阴道乳酸杆菌的作用下，产生大量乳酸，使女性的阴道呈弱酸性，这对于抑制各类致病菌的生长起着很好的作用，这也是阴道天然的自洁原理。

（3）验证排卵期。一般来说，白带最多、最稀薄、抗拉丝能力最强的一天往往就是排卵期。掌握好这一生理周期，对于女性的自身保护也有帮助作用。

（4）生殖道健康的"镜子"。白带检查是妇科常规检查的重要一项。如果白带长期过少，阴道自我防御功能就会减弱，女性容易感染阴道炎。

由于白带具有诸多作用，所以女孩应该学会用一种全新的态度去看待它。菲菲，在听完妈妈的讲解以后，你应该知道白带并不是什么很脏的东西了吧。

白带异常指的是什么

青春期成长事件

周五的一天晚上,阿芳做完作业以后,我留她在家吃饭。晚饭过后,她和菲菲一起看偶像剧。

看电视剧最怕的是插播广告,尤其是女性妇科病治疗广告。

这时,阿芳悄悄凑过来:"阿姨,我能问你几个问题吗?"

"说吧!什么问题?"

"刚才电视里说白带异常,那具体什么是白带异常呢?正常的白带又是什么样子呢?要真是白带异常,该怎么办呢?"

这孩子一连串的问题,把我都弄蒙了,青春期真是个懵懂的年纪。旁边的菲菲好像也很好奇。没办法,为了满足孩子们的求知欲,我又给孩子们上起了生理课。

送给青春期女孩的话

青春期女孩由于羞怯,对身体发育的一些问题总是排斥。其实,尽可能多了解一些关于白带的知识，有助于检测身体是否正常。

一般情况下，健康的女孩，阴道是不会分泌什么异常物的。到了青春期，由于卵巢的发育，开始分泌雌激素，便会出现白带。白带的出现，预示着女孩即将正式迈入成年女性的行列。因为2～3年以后女孩便会月经来潮。如果到了青春期仍不见白带，就是一种异常现象，要警惕处女膜闭锁或卵巢发育不良，应立即检查，及早治疗。

什么样的白带才是正常的呢？正常的白带应是白色的，透明、黏稠、无异味。青春期白带受雌激素影响，有周期性的变化，有时增多，有时减少。排卵期时白带透明、量多、稀薄，而其他时间则量少、黏稠。青春期生殖器官发育旺盛，白带的生成也增多。此外，在天气炎热、从事体力活动以及性冲动时，这些液体的分泌量也会增加，有时还可能外流。

白带是"生殖道的镜子"，青春期女孩生殖器官正常与否，很多都可以从白带上看出来。

白带异常是女性内生殖器疾病的信号，应引起重视。白带异常可能仅仅为量的增多，也可能同时还有色、质和气味方面的改变。不同疾病引起的白带异常其性状各不相同，常见的白带异常包括：黄色或黄绿色伴有脓样、有异味等。另外，阴道内有异物也会出现白带异常。如带有血液的白带常见于生殖器肿瘤、炎症及宫内放置节育器等。乳白色泡沫状白带异常伴有外阴部瘙痒者，多为阴道滴虫感染所致。豆腐渣样或凝乳块状白带异常伴有外阴部奇痒者，多为阴道霉菌感染。如果平时白带无原因地增多，或伴有颜色、质地、气味的改变，就应该提高警惕，以免引起妇科疾病。常见的引起白带异常增多的原因有：

（1）患霉菌性阴道炎时，白带色黄或白，多数质地黏稠，有时也会质地稀薄，典型的白带呈豆腐渣样或凝乳块状。

（2）患滴虫性阴道炎时，白带为稀脓样，色黄，有泡沫，或如米泔水样，色灰白，白带味臭。

（3）患宫颈糜烂时，白带一般色黄，质黏如脓涕，多无味。

（4）患淋病时，白带为黄脓样。

（5）患子宫内膜炎等盆腔炎时，白带也会增多，色黄，质稀，多伴有腹痛。

（6）患输卵管癌时，由于肿瘤刺激输卵管上皮渗液及病变组织坏死，会出现水样白带，绵绵不断。这些都属于白带异常。

（7）白带的颜色改变也应引起注意。一般因炎症所引起的白带异常多色黄；赤带是指白带中夹有血丝或呈淡粉色，可能出现在宫颈炎、阴道炎、带环出血或宫颈癌等疾病。

白带异常不能认定绝对是妇科疾病，但也是女孩生殖道不健康的一个表现，应该引起女孩的重视，及时检查。

希望女儿菲菲和所有青春期女孩学会重视白带，注意保持阴部的清洁卫生，经常用温水清洗外阴。即使平时白带量不多时，也要时常冲洗外阴。这样才能减少病菌的滋长和入侵，让自己远离妇科疾病！

阴部瘙痒，是不是得了妇科病

青春期成长事件

洋洋最近也不知道怎么了，"下身"很痒。于是，她想去找莉莉问问，因为莉莉的妈妈是护士。谁知道，莉莉正在家里看电视，刚好在播出一些妇科疾病治疗的广告。莉莉就对洋洋说："我妈妈跟我说，青春期的女孩，千万不要做坏事，不然会得妇科病。也就是说，青春期女孩'下身'痒痒，就是得妇科病了。肯定做了什么见不得人的事。"

洋洋一听，被吓到了，原本还打算告诉莉莉的话也不能说了。"莉莉肯定以为我做了什么坏事呢？"洋洋很痛苦，挠抓则不雅，不挠抓又十分烦恼。

菲菲看出洋洋最近有心事，洋洋只说自己不舒服。偏偏菲菲又是个打破砂锅问到底的人，在菲菲的逼问下，洋洋才说出了自己的心事，菲菲当然相信洋洋没有做坏事，于是就拉着洋洋来问我："洋洋是怎么了？为什么阴部会痒痒呢？"

"青春期少女会误认为，只有已成熟的女性才患有妇科疾病，因而忽视对私密处的保护，这是一种错误的观点。阴道是女性身体疾病的多发地带，一定要注意健康和卫生，不要忽视做妇科检查。从私密处呵护自己，才能拥有健康的青春期！"听完我的话，洋洋一颗悬着的心总算是放下了。

送给青春期女孩的话

那么，阴部瘙痒是怎么回事？

很多青春期的女孩可能会因为阴部瘙痒而坐立不安，但又羞于启齿。外阴瘙痒虽无大碍，但也应该在家长的陪同下及时治疗，若羞于求医，日久可能变成顽固性瘙痒，不仅会影响心理健康，严重时还会影响学习和生活。

外阴瘙痒常发生在阴道内、大阴唇外侧、阴阜、阴蒂和小阴唇、会阴，并可扩散到肛门附近，是局限性瘙痒症的一种。

外阴瘙痒原因很多，归纳起来，最常见的有以下几种：

1. 外界不良因素的刺激

外界不良因素的刺激主要包括阴道分泌刺激物、汗液、化纤内裤、阴部潮湿、不合格的月经带、毛糙的卫生纸的使用等。另外，外阴及阴道内用药引起过敏以及经常用肥皂洗外阴或者使用不合适的沐浴露等均可导致外阴瘙痒。内裤太紧、月经带的刺激亦可引起瘙痒。外阴瘙痒常伴有肛门瘙痒，后者与外痔、长期大小便失禁、肛瘘、肛裂、肛门排泄物及粪便残迹的刺激有关。

2. 外阴局部疾病

进入青春期后，女孩的阴部发育会发生一些变化，阴道上皮会增厚，并出现阴道皱襞，阴道内的内分泌物也由于富含乳酸杆菌而呈酸性反应，分泌量也增多，自然防御机能明显增强。初潮后如果不注意月经期的阴部卫生，经血和阴道分泌物可污染和刺激外阴部而引起瘙痒，甚至发展为炎症。

另外，外阴局部疾病如淋病、霉菌性或滴虫性阴道炎、非淋病性尿道炎、疥疮、阴虱、癣、蛲虫病、接触性皮炎、黏膜白斑病、萎缩性角化苔癣、子宫颈炎等也会导致女性外阴瘙痒。

3. 饮食因素

有些食物会导致外阴瘙痒，由于其中缺乏铁、核黄素、维生素A、维生素E、脂肪等，会使外阴皮肤干燥、脱屑、瘙痒。

4. 精神因素

女性在精神异常的状况下，如忧虑、忧郁、紧张、烦躁时会自己认为外阴瘙痒，结果越抓越痒。

5. 全身性疾病

一般引起阴部瘙痒的全身性疾病为糖尿病、贫血、白血病、红细胞增多症、皮肤病、肝胆疾病、肾脏疾病、淋巴瘤等。

以上是可能导致外阴瘙痒的原因。青春期女孩还应该注意预防妇科疾病的发生，要了解和认识自己身体所发生的种种变化；坚持和养成良好的卫生习惯，如每天换内裤和清洗外阴，使用坐式便器前注意清洁或垫用卫生纸。

希望青春期少女在呵护自己的同时，能觉察自身发生的不适。如果发生外阴瘙痒症状，不要讳疾忌医，要及时诊治，千万不要自己乱用药或被庸医所骗而耽误病情。

第四章
Chapter 4

恼人的"面子"问题，坦然面对身体的不完美

伴随着青春期的到来，女孩的身体会产生一些变化，比如雀斑的产生、近视的出现、体毛的长成、身体肥胖等，这些会影响一个人的形象，所以常会让青少年，特别是少女们产生烦恼。其实，女孩不必过分在意，真正的美丽来自心灵，充盈自己的内心才是美丽的根本！

烦人的痘痘，怎么才能消除

青春期成长事件

菲菲又在房间照镜子"臭美"了。这个小丫头自从进入青春期就变得特别爱美。不过也正常，她长大了，爱漂亮是正常的事。

周末，我准备炖点鸡汤，好好犒劳一下他们父女俩。一大早，我就出去买了些新鲜的菜。

"菲菲，你也出去活动一下，平时就没有锻炼的时间，一会儿中午回来喝鸡汤。"

"谢谢妈，现在外面太阳大，您瞧我这脸还能晒太阳吗？而且我觉得，我的脸都是因为营养过剩导致的。"

听菲菲说完，我仔细一看，原来女儿长青春痘了。

"这是青春痘，青春期一般都会长。"

"可是，妈妈您说为什么隔壁小妹妹脸上没有长呢？您怎么也没有啊？我们班好些人脸上都有，难看死了。"菲菲一边说着，一边照镜子。

"痘痘呀，一般都偏爱青春期的女孩，过了这个年龄就会好的。"

"那是为什么呢？"

菲菲的问题，我一时还真答不上来。我原来只知道，青春期长青春痘再正常不过。在咨询了一些专业人士后，我对痘痘才有了一个清晰的认识。那么，为什么痘痘偏爱少女呢？

送给青春期女孩的话

什么是青春痘呢？

青春痘又叫痤疮、暗疮或粉刺，是由于毛囊和皮脂腺阻塞、发炎所引发的一种皮肤病。青春期时，身体内部的荷尔蒙刺激毛发生长，促进皮脂腺分泌更多油脂，容易使细菌附着，从而引发皮肤红肿，这就是青春期少女长痘的原因。

从生理角度看，青春痘主要发生在皮肤的毛囊皮脂腺内。皮脂腺通过皮肤的导管进入皮肤，堵塞了管腔，导致皮肤不能透气，形成脂栓。当这个不能被皮脂腺自然排出的脂栓长时间堵塞毛囊时，就会对毛囊附近的皮肤造成损伤，再加上体内激素的分泌和机体的刺激，就会形成红肿状的青春痘。

那么，青春痘的形成又有哪些因素呢？

引发青春痘的原因是多方面的，如遗传因素、环境、化妆品、精神紧张等。但是也有这样一种现象，很多人已经过了青春期，但是还是满脸的青春痘，这是因为青春期的结束并不代表青春痘也会跟着消失。

具体而言，青春期长痘主要由以下原因造成：

1. 内在因素

（1）雄性激素分泌过盛是最主要的原因。这也是青春期男孩子的痘痘一般比女孩子严重的原因。雄性激素可直接刺激皮脂腺增多，促进毛囊的角化，堵塞毛孔，引起炎症，从而造成粉刺。

（2）身体内在疾病。如胃、肾、肝等脏器病变，特别是胃肠功能紊乱、便秘等会诱发痤疮。

（3）女性特有的生理周期。有些女性在月经来临之前，粉刺会加剧，这主要是因为月经期激素分泌紊乱。

（4）精神紧张、疲劳过度、睡眠不足等。

2. 外在因素

（1）清洁不当。如果清洁不净，会导致皮肤表层有聚集物，阻碍毛孔的自由呼吸，从而产生痤疮。

（2）不正确的处理方式，如用手挤。有些人长了粉刺后，乱挤压，殊不知这会引起细菌感染的。

（3）用劣质化妆品，如两用粉饼、粉底等。

（4）紫外线及某些化学物质的伤害。

（5）过食油腻、酸辣等刺激性食物及甜食。

很多少女都有长痘痘的现象，因此，亲爱的菲菲，对于痘痘不要过于担心，但要引起一些重视。在日常生活中，要养成早睡早起的生活习惯，保证充足的睡眠，不吃辛辣、刺激的食物，多吃新鲜蔬菜和水果，多饮开水，痘痘的症状会有所缓解的。

青春痘,怎么预防

青春期成长事件

菲菲的"痘痘事件"越来越严重,这小丫头现在已经不敢出去见人了。整天闷在屋子里,还总是问我,脸上的痘痘什么时候才能好起来。

碰巧,文文这几天总来我们家找菲菲聊天。菲菲看见文文干干净净的脸,心理更不平衡了:"妈妈,为什么文文没有长痘痘呢?"文文得意地笑着。这下菲菲生气了,放狠话说:"你比我小,搞不好哪天也长了。"

"菲菲,你怎么能有这种想法呢,你赶紧给文文道歉。"幸好,文文很大度,说:"不用了,姐姐是心情不好,我不在意的。不过,姑妈,我知道姐姐脸上为什么长痘痘而我不长。"

"为什么?"我和菲菲异口同声地问道。

"因为姐姐从小都不怎么注意自己的生活习惯,她还总喜欢吃肯德基、冰激凌。"我一听,还真有道理。

"我妈妈说了,女孩都不愿意脸上长小痘痘。可偏偏有的女孩就爱长痘痘,这可能与日常的一些不良习惯有关系。所以,她要求我养成良好的生活习惯,这样,就可以预防痘痘了。"

"妈妈,你原来怎么没告诉我?"菲菲问我。

"那都是妈妈的错，但我也说过你，可你不听。"

那么，到底该怎样预防痘痘呢？

送给青春期女孩的话

青春痘之所以称为青春痘，就是因为其多发生在 15～30 岁这个年龄段，因个体体质不同表现各异。一般早期在毛囊口呈白头粉刺或黑头粉刺，在发展过程中，会产生米粒大小的炎性丘疹，当炎症加重化脓感染时，可演变成小脓疱。严重的青春痘还会变成难看的脓肿、囊肿，并留下色素沉着或瘢痕。

青春痘是青春发育期的暂时现象，随着青春发育的完成，一般会自然减轻和消退，通常到 35 岁左右便自愈。因此，少女不必为此焦虑。青春痘一般不需要治疗。但如果症状较严重，还是要引起重视的。一旦处理不当，便会留下后患，造成面部麻点或疤痕而影响美丽容貌。因此，爱美的少女们，应从以下几方面着手预防青春痘：

1. 注意保护皮肤

（1）要经常清洗，不可偷懒，这样才能保持皮肤的干净清爽。清洁是第一步，但要注意正确的清洁方法。

（2）洗澡洗脸尽量不要用过烫的水，也不要用刺激性太强的香皂或肥皂。

（3）不要用油性化妆品；避免皮肤经常被阳光直晒，太阳直晒不仅会使皮肤被紫外线伤害，也会使汗腺及皮脂腺的分泌活跃，阻塞毛孔，加速发炎。最后，长痤疮时不要用手去挤压，以免发炎，留下瘢痕。

2. 合理膳食

俗话说"病从口入"。痤疮也和饮食有很大关系。女孩子要想有一张干净、没有痘痘的脸，就要学会合理饮食。例如，多吃清淡的食品，如瘦猪肉、黑木耳、黄瓜、西红柿、黄豆等；少吃脂肪和甜食，如动物肥肉、鱼油、动物脑、蛋黄、芝麻、花生及各种糖、糖果和含高糖的甜瓜、香蕉、红薯、枣类等；少吃或不吃辛辣刺激的食品，如烟、酒、咖啡、辣椒、大蒜等。

此外，还应多吃碱性的蔬菜和水果，以及含锌、维生素 A 和胡萝卜素的食品。早餐应多吃些含淀粉类、维生素 B 和无机盐的食物。晚餐应多吃些植物蛋白及脂肪含量少的食物，同时多吃些蔬菜水果。

3. 保持乐观的情绪

皮肤是心情的另一面镜子，女孩在平时应注意保持心情舒畅，远离精神紧张、焦虑和烦恼，保证充分的休息和睡眠。

女孩们，如果你的脸上长了"青春美丽痘"，不妨在调节饮食和消除诱因的基础上，也采用一下心理疗法，相信你也会收到神奇的效果。

亲爱的菲菲，长了痘痘不要着急。妈妈告诉你这些知识后，希望你能用正确的心态面对痘痘，调整好自己的状态，度过丰富多彩的青春岁月。

小小雀斑，其实也可爱

青春期成长事件

青春期的孩子喜欢根据同学、朋友的特征给彼此起一些绰号，比如菲菲班上有个女孩就被同学们叫作"小麻子"。

有一次，她对菲菲说："为什么只有我脸上有雀斑呢？其实，原本我脸上什么都没有，都是这几年长的。现在的我是不是很丑？"

"不是的，我还觉得你很可爱呢，这才是你的特征啊。同学们的话并无恶意。我刚开始长痘痘的时候，也很苦恼，现在想想也没什么。"

"你说的对，其实，我最怕这些斑是遗传的，如果去不掉怎么办。"

"有时间我陪你去看看医生吧，问问有什么办法能淡化这些小斑点。其实，我觉得即使有斑也很可爱。"

"谢谢你，菲菲，我知道了。"

> 送给青春期女孩的话

随着青春期的到来,女孩身体的各个部位都会发生一些变化。尤其是面部,除了痘痘的光临,还有雀斑的产生。雀斑虽然不痛不痒,但影响人的外貌美,所以常引起青少年,特别是少女的烦恼。有很多女孩害怕自己白皙的脸蛋被雀斑占满。所以长斑的人都希望能够清除或使之减少。

那么,什么是雀斑呢?

雀斑是常见于脸部较小的黄褐色或褐色的色素沉着,表现为黄褐色或褐色斑点,呈圆形、卵圆形或不规则形,主要集中在脸部,尤其是双眼到两颊凸出的部位,往往6~7岁以后开始出现,青春期最为明显。受紫外线的影响,雀斑的表现程度也不一样。夏季的时候,日晒使雀斑颜色加重,冬季则会减轻。

雀斑是一种较难根治的皮肤病,跟遗传、内分泌有很大关系,一般的药物治疗、化妆品祛斑都难以达到根除的目的,所以没必要进行药物治疗。

雀斑的产生是由于体内黑色素增多,且堆积在皮肤的基底细胞里所致。这种黑色素来源于酪氨酸,在酪氨酸酶的催化下氧化、聚合而成;雀斑形成的原因可能与遗传、体质、曝晒等因素有关。雀斑不论是先天还是后天出现,均与遗传因素有密切的关系;阳光中的紫外线也是导致雀斑恶化的凶手,所以有些患者会觉得自己的雀斑在夏天比较明显,冬天则比较淡。

一般情况下,治疗雀斑的药物都不会影响女孩发育,但是服用药物治疗雀斑效果很一般,不会起太大作用。对于雀斑的治疗,最有效的方法就是激光祛斑。但即使是这样,经过一段时间之后,雀斑还是会重新长出来,只是相比其他的方法,这是可行并且效果明显的方法。

虽然治疗雀斑不容易,但是可以通过一系列方法进行预防或者控制,避免雀斑加重。当人们发现自己长了雀斑,尤其是少年儿童面部长了雀斑时,就要注意面部卫生和护理,避免雀斑随着年龄的增长而不断增多加重。

那么,青春期女孩,该怎样防止雀斑加重呢?

(1)做好防晒工作。女孩要避免日光照射,春夏季节外出时应戴遮阳帽,涂防晒霜，不宜滥用外涂药物，以免伤害皮肤。

（2）保持规律的作息习惯、愉悦的心情，这有助于防止雀斑加重。

（3）合理的饮食和营养也可防止雀斑加重，多补充维生素E，可起到祛斑的作用。

（4）多吃新鲜水果蔬菜。

（5）少食辛辣等刺激性食物，如咖啡、可可、葱蒜、桂皮、辣椒、花椒等。

同时，女孩还可以掌握一些护肤的小窍门。比如，用干净的茄子皮敷脸，一段时间后，小斑点就会变得不那么明显了。柠檬中含有大量的维生素C、钙、磷、铁等，可以将柠檬汁加糖水饮用，不仅能美白肌肤，还能达到祛斑的目的。

即使雀斑治不好，女孩也不必难过，小小的雀斑也很可爱。其实，真正的美丽来自心灵，用知识去充盈自己的内心才是让自己美丽的根本！

我是"四眼妹",总是被人嘲笑

青春期成长事件

暑假的一天,洋洋妈妈带着洋洋来我们家做客时问我:"菲菲妈,你看我们家洋洋进了中学以后就戴上了眼镜,我也到医院问过,医生说她是假性近视。我还是希望孩子能摘掉眼镜,不然时间长了就成了真的近视了。我想问问,你平时给菲菲用的是什么滴眼液?吃的方面要注意什么?她买的是什么眼保仪呀?"

洋洋妈妈说完后,菲菲才回过神来:"啊?难道洋洋平时还用眼保仪?我妈可从来没给我买过,也没用什么滴眼液。至于饮食嘛,我是什么都吃。"

但菲菲这个答案可能没有消除洋洋妈妈的疑虑。于是,我就针对青春期女孩如何保护自己的眼睛进行了讲解。

 送给青春期女孩的话

眼睛是心灵的窗户,每个女孩都希望自己有一双明亮清澈的眼睛,不希望自己的脸被一副眼镜遮上。那么,究竟近视是怎么产生的呢?

首先，近视与饮食之间存在着相当大的关系。如今很多女孩爱吃糖及碳水化合物的食品或烧煮过度的蛋白类食物，这大大增加了近视产生的概率。

其次，近视是屈光不正的一种。近视的形成主要有内因和外因两种原因。内因指的是近视的遗传性，外因主要包括工作环境和身体素质两方面。

还有一些女孩因为上课、做作业时的坐姿不正确而引发近视。

青少年的眼睛正处于快速发育阶段，在漫长的学习生涯中如果不养成良好的用眼卫生习惯，及时有效消除视力疲劳，近视就很容易发生。为了更进一步预防近视，青春期女孩可以参考以下几条建议：

1. 注意用眼卫生

（1）读书写字，光线太强或太弱时，建议使用台灯。宜使用40瓦白炽灯泡，台灯应放在左前方一尺左右的地方；室内照明的40瓦日光灯应距离桌面1.4米。

（2）近距离读写、看电视、玩电子游戏、上网等都应有所限制。看电视时眼应距离电视机对角线6倍以外，一般看40分钟休息10分钟；少玩电子游戏、电脑等。

2. 科学用眼

（1）读书写字注意三个"一"：即眼离书本一尺，胸离桌子一拳，手离笔尖一寸。

（2）走路或乘车时不要看书，也不要躺着或趴着看书。

（3）劳逸结合，用眼时间不要过长，应每隔50分钟左右休息10分钟。

3. 加强运动，增强体质

（1）眼睛和身体其他部位一样，也需要运动。尤其是学习任务重的青春期女孩，会长时间近距离用眼。因此，为消除视疲劳，应经常性远望，需多参加体育活动，增强体质。

（2）每天坚持做眼保健操，以达到缓解视疲劳、消除情绪紧张、恢复眼调节机能、预防近视发生的目的。

4. 补充营养，合理饮食

（1）女孩一般都喜欢吃零食，甚至把零食当成主食。实质上，零食中大多含有防腐剂、色素等添加剂，食用过量，百害而无一益，对缓解近视也没有好处。

（2）少吃甜食和辛辣食物。糖分摄入过多，在体内血液环境中呈酸性，易造成血钙减少，影响眼球壁的坚韧性，促使眼轴伸长，导致近视眼的发生与加重。

（3）避免偏食。偏食是诱发青少年视觉功能障碍的主要原因之一，常常会导致维生素等微量元素、宏量元素摄取不足，影响发育和健康。

（4）多吃水果、蔬菜、豆类、动物肝脏等，合理地获得天然糖分、微量元素和维生素。

孩子们，生活习惯、用眼习惯及学习压力等都有可能让自己的眼睛近视，请大家一定要遵循近视矫正的原则：晚治不如早治，治疗不如预防。拥有一双美丽的眼睛，青春期的风景你会看得更清澈！

少吃点，节食就能减肥

青春期成长事件

莉莉最近发现自己的体重在飙升。生日那天，她拉着菲菲和阿芳一起去买衣服，但她发现，小号和中号的衣服她都已经穿不了了，甚至有的大号衣服她也穿不上。于是，她开始节食，可是没过几天，体重又反弹了。节食效果不好的莉莉又开始吃减肥药，不但没用，还导致她上课无法集中注意力。

菲菲受莉莉影响，也开始节食，晚饭只吃一个苹果。我说了她几次，她也听不进去。

一天半夜我上卫生间，发现厨房有动静，打开灯一看，原来是菲菲从冰箱找东西吃。

第二天，我问菲菲："尝到节食的苦头了吧？其实，我觉得我女儿挺苗条的，不需要减肥。即使稍微胖点，也不宜节食减肥。你跟莉莉也说说，等到身体垮了就晚了。"

送给青春期女孩的话

一些女孩进入青春期后因为害怕发胖,就和莉莉、菲菲一样一味地节食或者采用其他方法减肥。其实,这是不可取的做法。青春期少女最重要的就是保证营养供给充足和身体的正常发育,而刻意地减肥可能会带来身体上的危害。就节食减肥而言,危害更多。

1. 导致身体发育所需的能量供应不足

青春期相对于其他阶段来说,人体代谢更旺盛,活动量更大,机体对营养的需要就相对增多,此时节食的话就会导致人体所需的能量不足。一般来说,每日所需要的热量一般不能少于 12 552 千焦(3 000 千卡),假如达不到这一标准,就会影响生长发育。

2. 导致人体所需蛋白质缺乏

女孩的身体不同于男孩,由于伴有明显的内分泌变化,所以需要更多蛋白质的摄入。如果蛋白质摄入不足,后果就很严重。大量研究证明,很多女孩体质差,身体发育不好,就是因为营养跟不上,其中就存在蛋白质摄入不足的原因。蛋白质缺乏会造成负氮平衡,使生长发育迟缓、消瘦、抵抗力下降,智力发育亦受到影响,严重者会导致营养不良性水肿。

3. 导致各种维生素的缺乏

人体除了要吸收大量的热量外,还需摄入足够的维生素,而节食会引起多种维生素缺乏病。如维生素 B2 缺乏可导致脚气;维生素 C 缺乏可导致坏血病;维生素 D 缺乏可引起骨代谢异常,身材长不高或骨骼变形;维生素 A 缺乏可引发夜盲症等。

4. 造成各种无机盐及微量元素缺乏

例如,钙、磷摄入不足或比例不当会直接影响骨骼发育;缺铁可导致贫血;缺锌则会导致人体生长发育停止,性腺机能减退。

5. 导致青春期厌食症

生活中，一些女孩子因为担心自己的体型，往往会用一些极端方法控制自己的饮食。有的一天都不吃主食，只吃零食、水果和一些蔬菜。长此以往，必然导致大脑的饥饱神经中枢发生紊乱，进食越来越少，食欲越来越低，直至厌恶食物，最后出现一进食就恶心呕吐的神经性反应，导致神经性厌食症。

6. 过度节食会引发闭经

医学研究表明，在一年之内体重突然减轻 5 千克以上，或者减轻身体体重 10% 的年轻女性，经期往往会推迟直至出现闭经现象。其原因在于人的大脑内下丘脑中不仅存在着饿感中枢和饱感中枢，还会分泌出一种叫作促黄体生成素的释放激素，用于刺激脑垂体分泌黄体生成素和卵泡刺激素。这两种激素有刺激睾丸或者卵巢发育的作用，对月经来潮和精子、卵子的生成意义重大。

由于过度节食，大脑皮层发生功能紊乱，黄体生成素和卵泡刺激素分泌不足，卵巢分泌的雌激素和孕激素减少，结果导致闭经。闭经时间越长，治愈率越低，对女性健康的危害越严重。

此外，服用减肥药等利用扰乱人体正常代谢功能达到减肥效果的做法亦不可取。青春期是人体生长发育最旺盛的时期，这一时期体质的好坏将影响女孩一生的健康。

亲爱的菲菲，你这种节食减肥的方法是错误的。要想保持良好的身材，可以多参加户外活动。这样既能锻炼身体，又能增大热量消耗，保持苗条体型。另外，还要保证足够的营养、适量的热量和合理的膳食结构。热量的摄入不能太多，既要注意各种营养的搭配，又要少吃高脂高热的食物，如奶油点心、巧克力等。总之，要养成良好的生活、作息习惯，健康就是一种美丽。

我也想效仿，化妆的女孩真美

青春期成长事件

　　一个星期天，我本来打算全家一起去看望住在另一个城市的姐姐，可菲菲说身体不舒服想留在家里，我叮嘱完菲菲注意安全后，就出门了。

　　后来我因为忘带手机而返回了房间，却发现菲菲正在涂我的睫毛膏。看见我进来后菲菲不知所措，吓得她把眼睛都弄黑了。

　　"菲菲，你在干什么？"

　　"我看见班上几个女孩子都已经开始用口红和粉底了，也想看看自己化妆后是不是会变漂亮。所以就自己化妆看看，可我不会用。要不您教我吧，我以后还想参加一些聚会呢！"

　　晚上我便给菲菲上了一堂关于青春期能否使用化妆品的课。

送给青春期女孩的话

　　爱美是女孩的天性。很多青春期女孩开始学化妆，认为这是跟上时尚和潮流的表现。但不正确的化妆，会对皮肤产生很多伤害。

一般来说，18岁以后就可以使用化妆品了。而处于12～18岁的青春期女生尚未成年，则不应该使用化妆品。因为化妆品中或多或少会含有一些有害的化学物质，会对人体产生一定程度的影响。而且，质量差的化妆品会对皮肤产生更大的伤害。因此，在青春期，女孩尽量不要用化妆品，用一些温和的护肤品就可以了！

那么，青春期女孩应该怎样护理自己的皮肤呢？

随着环境污染的加重，加之青春期户外活动的增多，一旦空气中的粉尘落到脸上，就会附着在化妆品上阻碍皮肤的呼吸，给皮肤带来不良刺激。因此，女孩在回到室内时应注意及时清洗面部。清洗时可用温水和香皂，不必过分强调用洁面乳等。清洗干净后，干性皮肤也可适当涂些水性乳液，但应适量。油性皮肤可不用任何化妆品，适当按摩即可。

另外，有些少女长了痘痘后，出于爱美之心会选择多种"治疗"粉刺的化妆品，以为这样能消除恼人的痘痘；也有一些女孩涂抹一些粉底来掩盖痘痘，结果事与愿违，痘痘越来越"猖獗"。

因此，青春期女孩尽量不要化妆。青春期皮脂分泌本来就比较旺盛，若再用过多的化妆品，必然会给皮肤的呼吸增加困难，影响皮脂分泌。

亲爱的菲菲，妈妈能理解你爱美的心情。但每个年龄段都有自己独特的美。青春期的这种美是天然的、富有朝气的，是用任何化妆品和人工的修饰都无法达到的！所以，妈妈希望你能保持这份纯真和美好，享受青春期的美丽风景！

第四章 恼人的"面子"问题，坦然面对身体的不完美

第五章 Chapter 5

多变的青春期，女孩注意心理健康

女孩到了青春期，不仅身体迅速发生变化，而且有了很多自己的想法，一旦想不通，很容易走进死胡同，产生困扰、自卑、不安、焦虑等心理症状，甚至导致一些不良行为。青春期女孩要学会自我调节，摆脱负面情绪的困扰，不钻牛角尖，不要成为问题女孩。而家长们也有责任和义务，帮助女儿走出心理阴影，安然走过青春期的雨季。

穿着有个性，但绝不是奇装异服

青春期成长事件

上初中后，莉莉开始追求个性的打扮。一双军靴、一条超短牛仔裙、一件露肩T恤加上一顶鸭舌帽。穿上这些，莉莉觉得自己很酷。为了炫耀一下，她便跑来找菲菲。

莉莉在菲菲眼前转了一圈问："我这身好看吗，酷不酷？"

"太酷了！你知道吗？咱们班很多女生都以你为榜样呢！只可惜我的衣服都是妈妈买的，哪敢这么穿？"

"怎么不敢？我们都是大人了，穿衣服就要有个性。"

我听到后纠正了一下莉莉的观点："你们虽然已经在慢慢长大，但穿着打扮必须符合自己的年龄。另外，个性也不一定非要奇装异服呀！我知道，你们这个年纪都希望自己引人注目。但什么是真正的个性，你们知道吗？"

"阿姨，那您说什么才是我们这个年纪该穿的？"

估计，这丫头是和我较上劲了。

送给青春期女孩的话

随着时代的发展、物质生活水平的提高和价值观的多元化,跟上时尚与潮流的步伐也已经不再是成年人的专属,很多未成年的青春期少年,尤其是女孩,也纷纷把追逐时尚作为重要的生活内容。

如今到处都能看到一些穿着奇装异服的女孩。

她们为什么要如此打扮自己呢?可能有以下几个原因:

1. 审美偏差

一般来说,作为学生的青春期女孩,正处于成长期,身体发育尚未成熟,其穿着打扮还是应以朴素、自然、大方、舒适为原则。但很多青春期女孩,由于接触到一些不正确的审美观念或者因崇拜成人的穿衣风格,刻意地追赶潮流,有的甚至追求奇装异服。一方面,她们很想以此证明自己不再是一个孩子了,希望自己更快地融入社会;另一方面,她们又希望自己的穿衣风格能得到同学的认同、赞美和羡慕,从而提高自己在同学心中的地位,满足自己的物质欲望和虚荣心。

2. 疯狂追星

现代社会的追星族中,学生占大多数。有些女孩,一旦喜欢上一个明星,就会刻意地模仿明星的穿衣风格,甚至有过之而无不及。

3. 一味追新求异

青春期的到来,使女孩们有了一定的思维能力和独立的主张,能自主地对一些事情进行决策。因此,有些学生便开始追求新奇的服饰。有些女孩甚至到了不奇不爱、无奇不买的地步,走上了追求怪异服饰的歧途。

4. 获得安全感

不少女孩有意制造新奇形象,但其潜意识里是想弥补心中的不安。日本一名心理学教授认为,如果一个人界限感薄弱的话,除了感到与他人不同之外,还很难把握和他人之间该保持多远的距离。因而,她们对与别人的交往常怀有不安，对生活也感到不确定。她们为了保持自我安全，就要穿上款式另类甚至夸张的衣服，人为地跟外界划清界限，缓解内心的不安。

亲爱的菲菲和莉莉，你们要知道，追求个性可以通过更积极的方式，而不是通过服装。如果你们把过多的精力花在穿衣打扮上，就会耽误学业。另外，青春期也是审美观、服饰观形成的阶段，奇装异服只能显露你的不成熟和审美偏差。再者，青春期应该追求的是内心的充实，培根说："人一旦过于追求外在美，往往就放弃了内在美。"

因此，希望青春期的女孩明白只有找到符合自己身份、年龄的装束，才会给美丽加分。

别总纠结于一件事

青春期成长事件

洋洋最近很奇怪，鬼迷心窍一样迷上了港剧里的塔罗牌。无论是上课还是下课，都拿着几张牌给周围的人算来算去，并得出一些稀奇古怪的结论。她说菲菲会考上某所著名大学，而莉莉长大后会嫁到国外，自己将来则会成为国内著名的相学大师，说得神乎其神。

菲菲笑着对洋洋说："我看你是鬼迷心窍了，我们的命运都在自己手里。只要努力，谁都可以成功，哪是塔罗牌能算出来的？"

"你可别不信，其实，我们的命运都在这张牌里。我们家的一个亲戚，有一天正准备出门，一个算塔罗牌的朋友给他打电话，让他那天别出门，他以为人家逗他玩，也没在意。谁知出门不到半小时就出车祸了，现在还在医院呢！"

"是真的吗？那么神呀？"

"当然喽！"洋洋说得一本正经的，菲菲也没在意。洋洋还是一个劲地研究她的塔罗牌，自从迷上了塔罗牌，她生活里唯一的乐趣就是为身边的人算命。不仅如此，她也不喜欢上课了。她认为只要能给自己算好，未来肯定是美好的，哪还用读书？洋洋的爸爸妈妈也没怎么在意女儿的变化。就这样半个学期过去了，洋洋的学习成绩一落千丈。父母知道这些以后，对洋洋好劝歹劝，可洋洋就是不听。没办法，他们只好带洋洋去看心理医生，医生说，洋洋的这种情况是青春期的一种心理疾病。一旦对一件事情产生兴趣后，很容易痴迷。这是一种执拗的、错误的心理。

送给青春期女孩的话

青春期的到来使很多女孩希望摆脱别人的照顾、独立做事。她们这样做，是为了证明自己的成熟。这时候，女孩由于自我意识和好奇心的增强，加之社会、媒体的冲击，会对许多东西产生兴趣。她们需要通过表现个性、追逐潮流来满足自我意识和好奇心，但因为缺乏人生阅历和社会阅历，所以当这些新鲜事物冲击她们的视线时，她们很容易掉入痴迷的漩涡，并坚持自己是正确的。另外，青春期的女孩很容易产生偏执心理，尤其是这些被父母富养的女孩，更渴望被放养，而不是鞭养。因此，越是长辈认为错误的事情，她们越是偏执地坚持。实际上，这种痴迷心态是很危险的。这会导致女孩人格形成的单一化，贻误学习。

那么，青春期女孩应该如何治疗这种心理问题呢？

1. 痛苦法

设法增加对这件事物的痛苦印象，越深刻，越坚定其远离的心。首先，如果女孩长期痴迷于一件事物，就必须先认识到该事物的危害和可能带来的危害。比如，如果女孩喜欢上了一个男孩，并痴迷于对方，就要想到这种执迷不悟的后果是什么。

2.转移法

培养新的积极健康的喜好。比如,爱收藏胜过打麻将,爱做网页胜过玩游戏,多运动锻炼胜过节食减肥等。

3.格物法

层层深入地分析做这件事的利弊,透彻地分析研究它,直至自己能够坚决地放弃为止。格物的最终目的是致知,多去分析,就能发现事物的利弊。

4.标签法

在自己的床头或桌子上贴上警示语言以及图示,或者戴腕带,不断提醒自己。

5.誓言法

把自己不再迷恋此事物的决心广而告之,让所有人都知道,断绝自己的退路,用自尊使众人一起来做自己的守护神。

6.求助外援

请求父母或者心理医生的帮助。女孩要高度重视家庭环境对自己人格的影响,相信父母会给你鼓励的。

青春期是人格、爱好、品德形成的重要时期,关乎女孩的一生。此时的女孩应该全面发展自己,培养多方面的爱好,形成健康向上的心理。同时,这也有利于提高认识事物的能力。在学习生活中,当你感到有压力时,当你和父母的意见有分歧时,只有采取正确的方法宣泄、告知,才能避免把目光集聚到错误的事情上。

亲爱的女孩们,希望你们都能身心愉悦地度过青春期!

青春期,别让妒火烧毁你

青春期成长事件

一年一度的学生年度表彰大会又来了。菲菲、莉莉、洋洋和阿芳几个人虽说是很好的朋友,但在学习成绩上却不是一个等级。莉莉和阿芳的学习成绩都不怎么好,而年度表彰中最重要的一项就是评定成绩。

实际上,菲菲本来是不愿意参加的,因为她怕阿芳和莉莉会感到尴尬。可那天一大早,莉莉就叫住了菲菲,然后还和她坐在一起。菲菲心里的一块大石头总算落地了。

菲菲好奇地问莉莉:"你不讨厌我吗?"

"我为什么要讨厌你?你是我最好的朋友啊!"

"我的意思是你应该讨厌我。每年这个时候我都不愿意参加,因为拿奖的那一刻,我会失去很多朋友。"

"你认为我是那样的人吗?我心胸宽广,那种小肚鸡肠的嫉妒心理我是没有的。放心吧!你拿奖受表彰,我本来就应该替你高兴嘛!我的朋友优秀,我心里自然也高兴得不得了。"

听完莉莉的话,阿芳也开玩笑说:"真正的朋友就是有福同享,有难同当,你的荣誉就是我们的荣誉嘛!今天晚上阿姨肯定给你做大餐，我们也有口福了。"大家都笑了。

在领奖台上，菲菲说："感谢我的老师、爸爸妈妈，还有我最好的几个朋友。感谢他们的理解，我们要一起努力……"

晚上菲菲回来后，我已经准备好了庆祝的晚饭。看着这几个可爱的丫头，我真欣慰女儿有一群真正的朋友。

送给青春期女孩的话

每个人都生活在一定的人际范围内，常常喜欢不自觉地与他人作比较。当发现自己在才能、体貌或家庭条件等方面不如别人时，就会产生一种羡慕、崇拜、奋力追赶的意识，这是上进心的表现。但有时也会产生羞愧、消沉、怨恨等不愉快的情绪，这就是人的嫉妒心理。

青春期是个需要朋友的年纪，青春期的女孩也慢慢成长为一个社会人。青春期又是个为友谊劳心劳力的年纪，每个女孩都有几个朋友。但似乎这些女孩间都有一个威胁友谊的最大杀手——嫉妒。很多女孩在面对比自己优秀、比自己强的朋友时，心理不平衡。"和她做朋友，感觉自己像个小丑一样，简直是她的附属品"，这种心理也许很多女孩都有过。

这样的友谊，虽然表面上相安无事，但女孩的心里已经开始出现一块阴云了。一旦发生一些小事，矛盾就一触即发，两人之间的友谊也会消失殆尽。实际上，绝对的公平并不存在。如果你不能清除这种不平衡心理，就无法以一种轻松的心态去面对你的朋友。

那么，青春期女孩该怎样消除嫉妒心理呢？

1. 反省自己，发现别人的长处

作为成长中的女孩，若以时刻反省自己，善于发现别人长处的心态面对比自己优秀的朋友或者同学，不仅能学会用客观的眼光看待自己和对方，还能弥补自己的不足。这样，就不至于为一点小事钻牛角尖，就能交到真正帮助自己成长的朋友。

2. 友善和谐地与人相处

人际交往在青春期心理健康发展中占有非常重要的位置。不善于交际可能会影响青春期女孩的健康成长。通过别人的评价和帮助，女孩可以学会更多的知识，还能更真切地感受人与人之间的关爱。同时，还可以更加明确自己在别人心目中的位置，以便及时弥补自己的不足，形成更为完整的自我认知。这对排解嫉妒心理非常有利。

3. 接纳自己，完善自己

人不可能十全十美，也不可能一无是处。接纳自己是指不仅仅要看到自己的优点，还要学会用正确的眼光看待自己的不足，然后不断地完善自己。这里的关键是要求女孩要相信自己是有价值的人，从而全力以赴地去实现自己的价值。

青春期的女孩们，如果你在学习或者生活中遇到比你优秀的同学和朋友，千万不要嫉妒。女孩的心胸应是宽广的，用心交友，以人之长补己之短，你不仅能获得友谊，还能完善自己！

猜疑心理——多点信任，也能获得别人的信任

青春期成长事件

有一次放学后，阿芳被数学老师留下来，补习三角形那一节的知识。可是，阿芳有封信要寄出去，没办法，只好让菲菲代劳了，菲菲爽快地答应了。

可就在菲菲准备飞奔去邮局的时候，却被阿芳喊住了："菲菲，你不会偷看我的信吧？"

"你这话说得就不对了，你看我是那样的人吗？"菲菲心里有点不高兴了。但还是觉得因这封信很重要，所以阿芳才这么担心。

"那你要发誓不会看。"菲菲被阿芳弄得没辙了，只好答应了她。

第二天，菲菲和莉莉在阿芳家楼下等阿芳。当阿芳下楼看见莉莉和菲菲窃窃私语时，很生气地说："菲菲，没想到你是这样的人，亏我还把你当最好的朋友。"说完，一个人走了，菲菲感到莫名其妙。

接连几天，阿芳都不理菲菲，菲菲也觉得是阿芳的错，便不肯认错，两人就这么僵持着。但更奇怪的是，阿芳连莉莉也不理了。她认为，莉莉肯定也不把自己当朋友了。莉莉整天和菲菲在

一起，无疑是要排挤自己。说实话，阿芳自己也很苦恼，她现在很敏感，对什么事情都怀疑，都不知道自己该相信谁了！

那天，菲菲委屈地和我说了事情的经过，然后叹了一口气："原来友谊真的那么脆弱，我们从小一起长大。这么多年的朋友，她居然不信我。"

其实，我能明白菲菲的烦恼。青春期的女孩在每个年纪都有自己的烦恼，更何况是这些成长中的孩子呢？听完以后，我对菲菲说："你别怪阿芳，她这是青春期的一种心理问题——猜疑。她并不是单独针对你的，恐怕连她爸妈也会怀疑。你要大度一点，宽容一点。以后，当她发现你是她最信任的朋友的时候，她会好起来的。"

"我知道了，妈妈。那您说这种心理问题该怎么自我调节呢？等有时间，我和阿芳好好谈谈。"

送给青春期女孩的话

处于青春期的孩子，生理和心理上都会发生巨大的变化，女孩会表现得更加敏感，也更容易对周围的人和事产生怀疑。不知道你是否曾有这样的体会：当自己关系不错的几个姐妹避开自己，聚在一块儿说悄悄话时，你会怀疑她们正在讲你的坏话；当你告诉朋友一个秘密后，你会不停地猜测她是否会讲给别人听，而且一直提醒她要保守秘密，导致朋友也不愿当你的听众了；老师在课堂上说了班上发生的不好现象，你会怀疑是不是针对自己说的；一位同学近来对你的态度冷淡一些，你会觉得他可能对你有了看法……如果你有这些情况，那么就证明你的猜疑心比较重了。

1. 导致猜疑的原因主要与个人的一些特点有关

（1）已有的交往失败经历的打击。

有些女孩以往比较轻信别人，并视之为知己，告诉别人许多自己的秘密。但却遭到欺骗，从而产生了巨大的挫折和失败感，甚至导致很强的防御心理，不愿再信任他人，遇到什么事情都要怀疑再三。

（2）自信心不足作祟。

有些女孩在某方面自认为不如别人，自卑心的另一面往往是自尊心。猜疑心重的女孩总以为别人在议论自己、算计自己、看不起自己。越想越认为是真的，陷入猜疑怪圈而无力自拔。

（3）个性使然。

女孩天生敏感多疑，尤其是一些心思细腻的女孩，青春期的到来使她对周围的人和事更加在意，于是就很容易产生猜疑的心理。

人们的猜疑心理主要指在与人交往的过程中，始终抱着怀疑的态度，对周围的人和事不放心。这种心理，对于人际交往有害无益。没有人愿意和一个心存猜忌、对自己没有信任感的人交往。因此，猜疑就似一条无形的绳索，会捆绑我们的思路，使我们远离朋友。同时，猜疑也会使我们整天郁郁寡欢，久而久之，我们内心会越发的孤独寂寞，越发地难以和别人相处。这对身心的健康发展是不利的。因此，青春期女孩，当你发现有猜疑这种症状时，应及时矫正。

2. 如何才能消除人际交往中的猜疑心理

（1）积极暗示自己，理性思考不要猜疑。

每个人都有猜疑心理，只是有些人能控制自己，不让这种不良心理影响自己，而有些人则不能。当青春期女孩发现自己生疑时，不要朝着猜疑的方向思考，而应问自己："为什么我要这样想？理由何在？如果怀疑是错误的，还有哪几种可能发生的情况？"在做出决定前，多问几个为什么是有利于冷静思考的。

（2）正确看待自己，增强自信。

任何人都不是十全十美的，都有自己的优点和不足。不要只看到缺点而灰心丧气，更重要的是发现自己的优势，培养自信心和自爱心，相信自己的优势所在,这样学习和生活就会充满活力。

(3)从心理上根除猜疑。

实践证明,人的很多行为是受心理支配的。换句话说,如果能从心理上根除猜疑心理,行为上就能与之决裂。同样,当你首先看到的是别人的优点时,你就不可能先去讨厌对方了。

(4)不要在意流言蜚语,做好自己。

人的一生,不可能做到让周围的人都满意,偶尔也会听到别人的议论和流言。对于那些流言蜚语,你不必放在心上。但丁有句名言:"走自己的路,让别人说去吧。"要善于调节自己的心情,不要在意他人的议论。该怎样做就怎样做,做好自己足矣。这样不仅解脱了自己,而且怀疑也烟消云散了。

(5)用交流代替猜疑。

在人际交往中,彼此之间多少会有一些摩擦或误解,这可能是因为处事方法、观念等不同导致的,也可能是因为一些其他误会引起的。这些问题都应该通过适当的方式来解决。例如,通过谈心,不仅可以交流各自的想法,消除误会,而且可避免因误解而产生的冲突。

总之,青春期女孩,要明白人与人之间的信任是相互的,尤其是朋友,要彼此信任,讲信用,这样你的猜疑才会消除,友谊也会更加牢固。

青春期焦虑症——如何才能集中注意力

青春期成长事件

有天，我正准备出门时电话突然响起来了。原来是身在另外一个城市的姐姐打来的，她说："你上次不是说认识一个权威的心理医生吗？能不能帮我约一下。我觉得女儿炎炎这些天不对劲，我想带她去看看。"

"行，你明天来吧，我休假。"

在心理医生的开导下，炎炎敞开心扉地说出了自己的想法："因为老师器重我，所以只要市里、区里或学校里有竞赛活动，老师都要选派我去参加。为此，我的学习负担十分沉重，我要比其他同学付出更多。因此，我感到精神压力很大，简直不堪重负。我认为应当对得起老师的器重，因而深恐竞赛失利，对各科的学习都抓得很紧很紧。妈妈也一直以我为荣。但有天晚上，我正在背书，打算强记第二天竞赛科目的内容。可那天刚好又是爸爸请同事吃饭的日子，他们喝酒猜拳行令的声音很大，吵得我无法看书。我又急又气，心中烦躁至极。就是从那个时候起，我心里产生了强烈的怨恨：一恨老师总让我参加各种竞赛，使我疲惫不堪；二恨爸爸请客，扰乱了我的复习计划；三恨母亲不该让我读什么市里的重点中学。在这种焦虑怨恨的情绪状态下，我一夜没睡，第二天在考场上打了败仗。从此以后就经常失眠、多梦。梦中也总是在做数理的竞赛题,还梦见在竞赛时交了白卷。此外,我开始上课集中不了注意力,总是开小差,考试成绩也一次比一次差。为此,我很苦恼,我该怎么办?我还要参加中考呢?"

炎炎的话让姐姐也很苦恼,炎炎一直是个品学兼优的女孩,怎么会这样呢?

送给青春期女孩的话

炎炎的这种情况属于青春期焦虑症。焦虑症即通常所称的焦虑状态,全称为焦虑性神经病。

那么,什么是青春期焦虑症呢?焦虑症是一种具有持久性焦虑、恐惧、紧张情绪和植物神经活动障碍的脑机能失调疾病,常伴有运动性不安和躯体不适感。发病原因为精神因素,如处于紧张的环境不能适应,遭遇不幸或难以承担比较复杂而困难的工作等。

焦虑症的病前性格大多为胆小怕事,自卑多疑,做事瞻前顾后,犹豫不决,对新事物及新环境不能很快适应等。

处于青春期的孩子向来是焦虑症的易发人群,他们的生理与心理都处于人生的转折点。许多女孩在这期间会变得异常敏感,情绪不稳。她们由于身心都没有发育成熟,往往无法正确排解自己的不良情绪。青春期焦虑症就是由此而引发的一种心理疾病。

青春期是人生的转折点,身体上的变化会给女孩的心理带来一些冲击,她们会对自己的身体产生一种神秘感,甚至不知所措,可能因此而感到自卑、敏感、多疑、孤僻。青春期焦虑症会严重危害女孩的身心健康，若长期处于焦虑状态，还会诱发神经衰弱症，因此必须及时予以治疗。以下是几种常用的自我治疗方法：

1. 自我暗示

自我治疗和心理暗示是治疗青春期焦虑症的最有效的方法。处于青春期的女孩在日常的学习和生活中，难免会遇到一些不愉快的事。这时，应暗示自己树立自信，正确认识自己，相信自己有能力处理突发事件和完成各种工作，坚信通过治疗可以完全消除焦虑疾患。通过暗示增加自信，焦虑程度就会降低一些，反过来也会使自己变得更自信。这种良性循环有助于摆脱焦虑症的困扰。

2. 分析疗法

事实上，青春期女孩的焦虑症很多是由于曾经不愉快的经历带来的情绪体验，从而影响到潜意识。因此，要想这些被压抑的潜意识消失，女孩就要学会自我分析。通过分析产生焦虑的原因，或寻求心理医生的帮助，把深藏于潜意识中的病根挖掘出来，进行正确的疏导。这样，症状一般就会消失；否则，只会整天忧心忡忡、惶惶犹如大难将至，痛苦焦虑，却不知其所以然。

3. 深度放松疗法

焦虑症一般都伴有紧张情绪，因此，学会自我放松是治疗这一病症的有效方法。如果能够学会自我深度放松，就会出现与焦虑相反的反应，这时身体是放松的，而不会为某些朦胧意识所控制。

自我深度放松对焦虑症有显著疗效。当你在深度放松的情况下去想象紧张情境时，首先会出现最弱的情境，然后再重复进行。于是，你慢慢便会在想象出的任何紧张情境都不会再体验到焦虑。

4. 转移注意力疗法

焦虑症女孩发病时脑中总是盯紧某一目标，然后胡思乱想，坐立不安，痛苦不堪。此时可采用自我刺激的方法，转移注意力。如在胡思乱想时，阅读一本有趣的能吸引人的书，或从事自己喜爱的娱乐活动，或进行紧张的体力劳动和体育运动，以转移痛苦情绪。

5. 药物治疗

在自我治疗无效的情况下，焦虑症女孩还可在医生的指导下服用相应的药物辅助治疗。但要注意药物的副作用，避免药物依赖性。

青春期焦虑症会对女孩的学习、生活、人际交往等产生不利的影响。希望炎炎能尽早从焦虑的阴影中走出来，也希望所有青春期女孩都能身心健康，快乐成长。

青春期挫折症——我好沮丧

青春期成长事件

文文的爸爸妈妈因为生意上的事情,要去外地发展几年。为了不让文文孤单,他们给文文转校了。

一个星期以后,菲菲打电话给文文:"你在那边怎么样?"

"很不好。"文文并不愿意谈及新学校的情况。

"喂,是菲菲吧!你有时间过来玩玩吧,我们家文文很想你。她在这儿也没有朋友,现在每天都很消沉,学习也一直跟不上。早知道这样,当初就不让她转学来这儿了。"文文妈妈接过了电话,对菲菲讲述着文文转学后的变化。

"把电话给我,菲菲。"我怕文文得了青春期挫折症,想问问具体的情况。不出我所料,根据文文妈妈的描述,的确如此,于是,我建议文文妈妈带文文去医院看看。

那么,什么是青春期挫折症呢?

送给青春期女孩的话

文文的这种情绪，其实是一种挫败感的表现。由于来到新的学校、新的生活环境，原先的朋友、同学远离了自己，所以文文郁郁寡欢，打不起精神。青春期女孩处于人生的转折点，不可避免地会遇到许多失败和不顺利，心理问题也便随之而来。青春期挫折症就是其中发病率较高的一种。

1. 青春期挫折综合征的表现

青春期挫折综合征是一种多发性、表现不一的心理失调症状。它会危害青少年的身心健康。其主要症状表现如下：

（1）在心理上表现为心情差、意志消沉、郁郁寡欢、忧心忡忡、抑郁等，在性格上比较敏感。

（2）对异性谨慎小心，但在心理上对异性有狂热的向往。

（3）社交障碍。交往不自然，目光紧张，行为拘谨。

（4）逃逸行为。逃逸行为指逃学、出走，甚至自杀。

（5）疑病。对身体不舒服过于敏感，乱联想，怀疑自己患了不治之症等。

青春期女孩的挫折感，主要来自学校、家庭或者人际交往过程中产生的不适感。事实上，挫折是一种主观感受。由于每个人的心理承受力不同，对挫折的主观感受和情绪体验也各不相同。受到同样的挫折，心理承受力较强的人可能不会有太大的震动，能较平静地接受；而心理承受力较弱的人则对挫折的感受较为强烈，甚至难以承受。

2. 青春期女孩减轻挫折感的手法

（1）正确审视、认识、接纳自己。

很多女孩经不起挫折是因为对自己的要求和期望值过高。一般来说，自我认知与客观存在越接近，适应能力越强，也就越容易保持心理的健康；相反，自我认知与客观存在差距越大，则社会适应能力越弱，也就越容易产生心理问题。

（2）提高自己的耐挫力。

青春期女孩应该认识到人的一生不是一帆风顺的，在挫折中才会有成长。

没有播种，何来收获；没有辛苦，何来成功；没有磨难，何来荣耀；没有挫折，何来辉煌。挫折是你提高自身心理承受力的必要手段。挫折能从反面丰富人生的经历，让人醒悟更多，能力更强。

因此，青春期女孩要学会提高自己的耐挫力。在生活中，可以有意识地进行锻炼，从而增强应付各种难以预料的挫折的能力。挫折具有的实质是获取挫折的心理体验，并在此基础上，通过自己的努力去克服以提高对挫折的承受能力。

（3）不要让自己的坏情绪乱跑。

良好稳定的情绪是心理健康的基本条件。青春期女孩要控制自己消极的情绪，不要让你的坏情绪乱跑。

因此，首先要具有正确的思维方法，正视生活中遇到的那些不愉快的事，要懂得万事都不可能按自己的主观愿望顺利发展。

其次，必须纠正自我评价的偏差，避免不必要的消极情绪的产生。

（4）有意识地扩大人际交往的范围。

积极参与集体活动，是让自己找回信心的好方法。比如，你可以参加自己感兴趣的活动，如打球、下棋、游泳等；也可以向父母、老师或知心朋友倾诉衷肠。这样做一方面能缓解沉重的心理压力；另一方面也能从中获取应对挫折的勇气和方法，以分散青春期综合征对自己的影响，尽可能摆脱这种顽症。

挫折，既能锻炼一个人，激励一个人，也能摧毁一个人。关键在于你如何对待它。亲爱的菲菲，你是勇敢的。妈妈告诉你这些，是希望你、文文及其他同龄的人无论处于何种环境，遇到什么挫折，都能积极面对。只要将挫折视为通往成功的必经之路，就能战胜挫折。

逆反心理——父母的话让我很反感

青春期成长事件

一次学校开家长会,莉莉妈妈叫上我一起去。车上,女儿自然成了我们聊天的话题。一说到莉莉,她叹了一口气:"唉!孩子小学时懂事乖巧,叫她做什么就做什么。自从上了初中以后,就跟变了个人似的,老说我唠叨,多说一句就嫌我烦,摔门而走。这段时间老是把自己关在屋子里,把门插上,不知道弄些什么。星期天不吃早饭就被几个同学叫走了,问她去干什么也不说,我为她做了这么多还不领情。"

"女儿都长大了,听不进去话了,这也正常啊。再长大一点,就会明白的。"

"我不明白,你们家菲菲怎么就不一样呢,这孩子真懂事,也不给你们制造麻烦,哪像莉莉,一天到晚那个打扮,怪模怪样的,你什么时候帮我劝劝她吧,她一直都很尊敬你的。"

其实,我也明白,教育莉莉不是我的责任,可是受她妈妈的嘱托,我只能尽力而为了。

那天晚上,我问莉莉怎么看待她妈妈的教育,她的回答居然是:"我妈妈总是唠叨,说我这道题又错了,怎么不背英语单词,怎么还不睡觉，电视不能看多了，对眼睛不好……我觉得我应该塞上自己的耳朵。本来上了一天的课就已经很累了，回家还要听她的唠叨，她为什么不能让我静一会儿？"

莉莉这么一说，我都不知道怎么接下面的话了。

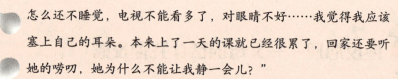

送给青春期女孩的话

  青春是一个花季，女孩们告别了童年，成为朝气蓬勃的花季少女。青春，想象中本应是充满活力、充满阳光的，而姗姗来迟的青春期却带来了孤单与寂寞，女孩的活力、阳光中多了叛逆。很多青春期的女孩都觉得父母很唠叨，总是在耳边说个没完没了。虽然父母都是在关心她们，但是在孩子看来，有的时候真觉得这样很烦，或许有的女孩会对父母的唠叨不理睬，也有的女孩会顶撞父母，甚至跟父母争吵起来。她们总是用各种各样的方式抵抗着父母的教育。

  进入青春期的女孩，总以为自己什么都知道，渴望自主地安排自己的生活，渴望拥有属于自己的空间，而爸爸妈妈过多的干预和唠叨则会让她们很厌烦，哪怕是多一句叮咛，都是一种啰唆。随着年龄的增长，女孩们的心理也在不断地变化，她们积攒了好多秘密，想找一个"谁"来诉说，这个"谁"又会是谁呢？想告诉父母，却又不愿接近，认为他们思想老套、落后，不能够理解自己；想找一个朋友，却又不知道朋友会不会出卖自己，会不会认为自己话多；想写在日记本里，却又担心父母偷窥，虽然法律有明文规定，不许偷看他人隐私，但父母是长辈又是监护人！自己充满了矛盾，因为找不到倾诉的对象，而将自己渐渐封闭，很少与别人交流。往往为了一点小事就冲动，对别人大发脾气，自己也因此更加沉郁，更加厌烦这个世界！

但作为女儿的你是否想过,虽然父母的唠叨是烦了点,可他们都是出于对你的关心,做子女的应该理解他们,然后采取一个正确的、适当的方式和父母沟通。如果你连父母对你的真心都无法公正地判断,而误解了他们的关心,那就是缺乏孝心的表现了。那么,作为女儿,该怎样和父母相处呢?

1. 和父母做朋友

其实,你不妨和父母做朋友,不要总是羡慕别人有开明的父母,和自己的父母交朋友并不是一件难事。

想和父母做朋友,首先要做的就是把自己的心态调整一下。或许在你的内心,父母就是父母,就是你的领导。其实不然,只是你平时跟父母沟通得少,彼此间并不了解,所以你会觉得有点陌生。放开自己的心,不管如何,父母是不会伤害你的,如果对自己没有信心的话,可以先找一些无聊的话题和父母说一下,比方说今天天气很好、心情也好等,观察一下父母的态度,再决定是否要和父母谈心。但是你首先要把自己的心态调整好。

实践证明,父母和儿女之间选择做朋友更能促进家庭关系的融洽,也更能达到使青春期女孩健康成长的目的!

2. 多沟通

当你和父母的意见产生分歧时,尽量控制好自己的情绪,不激化矛盾,试着换位思考。有些时候我们的父母处理事情的方式的确不太正确,但从父母的角度考虑,你就会发现他们做这些的出发点都是为了你好,世上只有父母对儿女的关心、帮助是不求任何回报的,想到这些自然也就能理解了。

3. 用行动告诉父母你长大了

你要用行动证明,你已经能够独立生活和思考了,让父母发现你长大了,这样他们也就能放开双手让你独立行走,以朋友的身份平等地和你交流想法。

所以,青春期的女孩应该记住:你今天的努力是为自己走进社会积累知识和资本,你的努力与父母的期望是一致的。有话和父母交流,也可以劝父母停止唠叨,要尊重父母,互相理解,心平气和地平等交流,让父母可以为你少操心,这样父母就很知足了。和睦的家庭,是保证你提高学习质量的重要因素!

第六章 Chapter 6

情窦初开的青春期，更要把握异性交往的尺度

对于女孩来说，青春期是"危险地"，稍不留心就可能被感情问题困扰，耽误功课，甚至犯下难以弥补的错误，为成长付出代价。女孩都对爱情有着美好的憧憬，都希望有灰姑娘的爱情，有白雪公主的际遇……青春期女孩应该怎样和男孩子交往呢？可以恋爱吗？这一系列的问题压在她们心中，成为她们的心事。

把"喜欢"留在心底

青春期成长事件

菲菲从小到大,我都没担心过她,她和周围那些问题少年不一样,菲菲也不是言听计从的乖乖女,她很有主见。可是,当我看到那张纸条时,我开始担心了,正当我准备找菲菲谈谈的时候,没想到菲菲"不打自招",和我坦白了。

"在他向我表白之前,我还可以把自己埋在书中,一心想要上所好学校。现在不行了,那个男孩一走到我身旁,尽管我的视线没有移动,可浑身上下所有的神经都在他的身上。早晨临行前,我下定决心绝不分心,可一进教室,我就知道他还没来。那天,他问我去不去春游,我违心地拒绝了。可我明知那一天我只能望着窗外发呆。有时候我想,人长大了有什么好?做事反而不如小时候专心。写着作业忽然就哭了起来。其实,这个男孩真的很出色,他和别的女孩说笑时,我心底就会升起一缕愁思。我是不是爱上他了?我应该对他表白吗?我知道青春期不该恋爱,可是妈妈,我怕我真的喜欢上他了,怎么办?"

听完菲菲的话,我很欣慰,菲菲是把我当朋友的。

> 送给青春期女孩的话

菲菲是情窦初开了。谁都想有一段浪漫的青春经历，谁都想在自己最美好的年纪遇到一个最好的人，面对爱情，很多青春期女孩往往手足无措，心如鹿跃的……很多青春期的女孩都认为，或许这就是爱，但爱是非常抽象的东西，青春期这个年龄段的生理和心理发育都不成熟，对于两性关系还没有一个比较全面的认识，更谈不上能严肃地选择终身伴侣。

青春期还属于感情耕耘时期，心理品质、价值观等都还未定型，可能今天认为不错的，到明天就认为不好了。从现实的例子看，青少年的这种爱，没有几个能做到坚贞持久的，往往是游移、不确定的多，浪费了感情，浪费了时间和精力，更重要的是耽误了学习。

因此，青春期女孩应该以学业为重，要把对异性的爱慕感情埋于心灵深处，把这爱慕转化为互相尊重、互相鼓励、互相推动、互相学习的动力。并且，青春期的女孩即使有爱慕的对象，也应该矜持自控，注意培养自爱、自重、自尊、自强的观念。爱，也不能轻易说出口。

从这几个方面看来，青春期的女生都不应该过度地表现自己的情感，情窦初开时，要选用正确的方法把这种情感释放出来，把喜欢的人埋在心底，找准自己的位置，努力学习各种知识，让自己的青春不虚度。

（1）自觉接受青春期教育，用科学知识破除对性的神秘感，使性知识的丰富与性道德观念的树立同步发展。

（2）把对异性的爱慕感情珍藏在心灵深处，转化为互相尊重、互相鼓励、互相推动、互相学习的动力。净化心灵，清除爱慕中情欲的杂质，防止异性交往中的单一指向性和活动的排他性。

（3）讲究风度，注意礼仪。做到端庄和蔼，以礼相待，举止适度，说话（特别是开玩笑）注意分寸，表现出对对方的尊重，显示自己的文明修养。

（4）要注意培养"四自"（自爱、自重、自尊、自强）的观念，在情窦初开、思想敏感、感情热烈之时，要矜持自控，防止青春期变成苦恼期，"黄金时代"

变成"多事之秋"。

（5）异性交往的感情已有超越友谊界限迹象的青春期女孩，要及早把热度降温，用理智驾驭感情。

总之，青春期的女孩要记住：青春花蕾的开放不能任意提前，否则就会过早凋谢，不艳不香，更谈不上结出丰硕的果实了。

亲爱的菲菲，妈妈很理解你现在的心情，但你要知道，青春期的主要任务是学习，而恋爱对于心智并不成熟的你而言必然耗费大量精力，影响你的未来发展。你认为你喜欢哪个男孩，不妨把这些心事记录在你的日记里，写下你的喜欢和爱慕，也可以告诉妈妈，我是你最好的朋友。试着释放绷紧的心弦，这段感情会随着时间酝酿久远、芳香四溢！

异性交往并不等于早恋

青春期成长事件

有一天,我和单位几个女同事在一起唠家常,孩子当然是我们共同的话题。这不,和我关系极好的林大姐最近有一件烦心事:女儿似乎有了"早恋"的苗头。最近一段时间以来,女儿跟一位男生似乎"要好"得过了头,不仅每天早晚上学、放学一起走,就连回家后也是短信联系不断。眼看再过几天就要放假了,林大姐担心的是,假期没有学校的管束,女儿和那个男生之间"要好"的感情会不会越来越难以控制?

林大姐的女儿过了暑假就上初二了,当初女儿考入初中的成绩相当不错,能在班上排前十名。但从初一下学期以来,女儿在学习上一再退步,老师也反映女儿读书很不专心。林大姐私下找了女儿的同学,也偷偷看了女儿的日记,原来女儿在初一下学期多了一个很谈得来的同年级男同学。

林大姐也曾试着委婉提醒女儿,不要因陷入"早恋"而影响学习。但女儿总是很理直气壮地回答自己和那个男生只是比较有话说,是很谈得来的朋友而已,两人在一起聊的也是学习上的事情,还让林大姐不要随便"说三道四"。一提到这儿,林大姐就直犯愁，女儿大了，自尊心又强又敏感，到底该怎么引导，才能让女儿把握好情感的尺度呢？

其实，林大姐的担心是有道理的，处于青春期的女孩，很难识别与异性之间的交往和真正的爱情有什么区别，这也正是我们所担忧的问题。

送给青春期女孩的话

处于青春期的少女，对异性向往与爱慕，属于生理与心理发育过程中的正常现象，青少年由于生理发育和性成熟，很容易产生性冲动，会对异性产生有别于同学间友谊的希望接近的冲动。还有的会表现为对异性的广泛关注，渴望了解异性的心理和生理，了解异性对自己的态度。这些都是正常的生理、心理现象。如果这些反应一点儿都没有，反倒应该怀疑是否生理发育出了问题。但青春期的女孩必须学会自律，爱慕但不能早恋。

青春期的少女产生怀春心理，并且可能会出现早恋的迹象，这是为什么呢？这是因为进入青春初期的少女，身体的发育使第一性征和第二性征发生变化，开始有了两性的自我意识。在窥探两性关系的好奇心理支配下，形成了青少年男女间一种幼稚的、带有一定盲目性的"异性爱"形态，这就是人们说的早恋。

而实际上，异性之间的交往并不等于早恋，而且异性友情与爱情有很大的区别。"他到底是不是喜欢我呢？一会儿跟我很亲密，一会儿又拒我于千里之外，我们之间是爱情吗？"这是很多青春期女孩遇到的问题，在友情与爱情之间产生错觉，这主要也是因为女孩没有正确地区分友情与爱情的界限。

女孩在青春期与异性适当交往，对于女孩的成长是有益的。

1. 异性交往是渴望交流的需要

除去青春期生理、心理发育带来的对异性交往的渴望，十几岁的孩子渴望认识异性朋友、与异性交往还缘于对兄弟姐妹情感的向往。由于现在的孩子大多为独生子女，没有兄弟姐妹，身边缺少同龄人做伴，生活比较孤单。一旦心里有话需要倾诉的时候，孩子就会找个说得来的同学或者朋友来替代自己的兄弟姐妹。

2. 异性交往是人格独立的需要

青春期女孩，除了生理发育和性成熟外，独立意识也大大增强。她们会强烈地意识到自己不再是小孩子，希望独立尤其是情感上的独立。于是，女孩不再喜欢依赖父母，跟父母间的交流也不容易产生共鸣，不少家庭的女孩与父母之间还出现了所谓的代沟。她们往往通过独立认识、交往新朋友、建立自己的同龄朋友圈子来证明自己已经可以独立了。

3. 异性交往是性格互补和身心健康发展的需要

有的女孩说："我觉得男生心胸开阔，和他们在一起时我的心情也开朗了。"有些男生讲："也不知为什么，比赛时如果有女生在场观看，我们男生就跑得特别卖力。"其实，这些正说明了正常的异性交往对双方的心理健康发展都有促进作用。由于男女同学各自特点不同，男生往往比较刚强、勇敢、不畏艰难，更具独立性，而女生则更具细腻、温柔、严谨、韧性等特点，男女同学的正常交往可以促使双方互补，对他们的性格发展和智力发育都有益处。

青春期的女孩们一定要明白，男女生之间的交往对于自己的成长是有益的，但不能过分交往，甚至因此而影响到学习成绩及精神状态就更不好了。爱情和友谊之间还是要有一定界限的，只有把握好这中间的界限，才能正确对待和异性之间的交往，也才能逐渐培养正确的人际交往能力，从而在与异性同学交往的过程中做到互补、互学和互助。

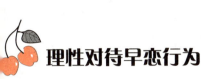
理性对待早恋行为

青春期成长事件

菲菲所在的中学每年都要举办一次中学生心理知识的讲座，这次的讲座议题是"理性对待早恋行为"。

到了互动环节，有个大胆的女孩子主动写纸条问专家："当遇到别人向我求爱时怎么办？"

专家当即回答："女孩子接到男孩子的求爱信并不是坏事，这说明你已经成熟并能引起男孩子的兴趣和好感。你首先应该向他表示感谢。但是学生时代谈恋爱有许多不利的方面……"

另外，还有一个女孩失恋了，正处于痛苦中，她也写纸条求助于专家，专家告诉她："早恋的成功率本来就不大，青年学生没有社会经验，也不知道如何了解他人。随着年龄的增长和社会生活条件的变化，必然会重新考虑婚姻标准。对于游戏式的早恋，只能自己斩断这根不结实的情丝。既然对方已经不爱你了，你就没有必要再为此苦恼，你应该为这种解脱而高兴，赶紧把精力用在学习上，将来一定会有合适的爱情在等待你。"

这些都是菲菲回家后告诉我的，我很欣慰，青春期学生早恋已经引起学校、社会的重视，希望所有的女孩都能理性地对待青春期的早恋行为。

第六章 情窦初开的青春期，更要把握异性交往尺度

送给青春期女孩的话

早恋，即过早的恋爱，是一种失控的行为。青春期的女孩可以对异性爱慕，但必须学会控制这种心理的滋长和蔓延，更不要早恋。

青春期是精力最旺盛、求知欲最强的时期，是长身体和长知识的金色年华。但生理和心理发育都不够成熟，待人处事还比较幼稚，性知识比较缺乏，性道德观念还未形成，因此中学阶段所谓的爱情是情感强烈但认识模糊的。相爱的原因往往极其简单，没有牢固的思想基础。比如有的是受对异性的好奇心、神秘感的驱使；有的是以貌取人，为对方的外表风度所吸引；有的是羡慕对方的知识和才能；有的是由于偶然的巧遇对对方产生好感；等等。他们没有认识到思想感情的一致是真正爱情的基础，观念、信念、情操是否一致是决定爱情能否成功的最主要因素。青春期的女孩思想未定型，她们不可能对这些复杂的因素有科学的、深刻的思考，也不可能真正了解自己和对方在这些方面是否真正一致。中学生的早恋好比驶入大海的没有罗盘、没有舵的航船，随时隐伏着触礁沉没的危险。这些女孩一旦坠入情网，往往难以克制自己情感的冲动，一旦彼此表达了爱慕之情，便立即亲密地交往起来，常因恋爱占去不少学习时间，分散精力，严重影响学习和进步。她们中的大多数对集体活动态度冷淡，和同学的关系渐渐疏远。加上舆论的压力和家长、老师的反对，往往使早恋者有一种负疚感，思想上背着包袱，矛盾重重，忧心忡忡。这种情况给女孩的身心发展造成了心理上的障碍。

早恋，不仅成功率极低，而且意志薄弱者还可能铸成不可弥补的过错。

当然，青春期的女孩们需要与异性交往，这有益于女孩的身心发展和自我完善。男女同学在一起踏青、划船、过生日，这并不是不允许的。交个知心朋友，可以互相倾吐内心的烦恼，取得真诚的理解，寻找心灵的慰藉，共同探讨人生的奥秘，解答学习中的疑难问题。男女同学之间的这种正常交往是一种纯洁的友谊，是值得鼓励的。但女孩一定要有清醒的认识，这种友谊应该加以小心呵护，不能往"谈情说爱"方面联想，这种关系也绝对不可越轨。女孩在早恋面前一定要保持绝对的理性：

（1）要有清醒的头脑，认清是非，做事也要有原则，什么事该做，什么事不该做，全面稳定地把握自己，不贪图一时的感情宣泄，而要着眼于光辉灿烂的未来。

（2）处理感情上的一些纠葛要坚决果断，不能像前面那位女学生日记中所说的情不可却，欲止又行，应该把自己的意愿向对方说清楚，崇拜、羡慕、同情、帮助是一回事，感情是另一回事，二者不可混淆。

（3）要戒除自己的一些性好奇、性模仿心理，认清自己的现实情况和小说、银幕上的人物是有区别的，不能在好奇、模仿的心理支配下做出不该做的事来。

（4）和父母、老师、好友实行思想沟通，参考他们的意见，争取得到他们的支持与帮助。

中学时代是打基础的时期，将来从事何种事业还没有定向，对每个中学生来说，今后的生活道路还很长。中学时代的早恋十有八九不能结出爱情的甜果，而只能酿成生活的苦酒。亲爱的菲菲，妈妈相信你能把握好人生的舵，不会过早去摘青春期的花朵。

怎样和男同学相处

青春期成长事件

进入中学以后，会出现一个奇怪的现象，一般情况下，男女生会形成一个自己的交友圈子，而且为了避免别人的口舌，男女生一般都"井水不犯河水"，而菲菲的一个女同学——于慧，好像从来不和男生说话，她是那么的不起眼，无论是长相还是成绩，其实，她自己也很苦恼。

她在日记中这样写道："从小到大，我都不能像别的女同学那样与男同学正常相处。如果一个男同学站在我旁边，我就会很紧张，上课也不能很专心，总觉得他们在看着我，看我有没有看他们，我很累，我很想像正常人一样。大概是从初二开始情况更严重了。那年我喜欢上了我们班的一个男孩，其实我也不知道那是不是喜欢。当时我们班有好多谈恋爱的，我想我是太寂寞了，所以也想尝试一下。我不敢表白，每天静静地看着他的背影，就觉得很幸福。我比较内向，也很自卑。也许是我总看他，他发现了也会看我，我就立刻把目光转移了。心"怦怦"跳，然后再看他。我喜欢上了这种目光碰撞的感觉，上课也不能专心，我觉得只要我视线里有他就行。后来我觉得全班都知道我喜欢他了，总议论我，所以我就不敢看他了。不仅对他，对班上的其他男生，我也不知道该怎么相处，自习课我把头埋得很低，这样我的视线就会很小，就看不见我斜后方的男同学了。长此以往，我的颈椎出了问题。所有男同学好像都很讨厌我。我很苦恼，我到底是怎么了？我该怎么和男同学相处呢？"

送给青春期女孩的话

于慧的这种情况，很多性格内向的女孩都会有，不知道怎么和异性相处。我们也许有这样的体验：青春期的最初阶段，男女同学相处似乎比较困难，即使是童年时代很要好的异性朋友，这时也会不自然地退避。男女同学在学习、娱乐及各项活动中界限分明，偶有接触也显得很不自然，不像儿童时代那样无拘无束、天真烂漫。这段时期，心理学上称为"异性疏远期"。同时，有些女孩或多或少地受封建落后观念"男女授受不亲"的影响，认为男女交往有伤风化。因此，慑于舆论、慑于所谓的名声，男女同学间壁垒森严，互不搭界。因此，很多女孩就有了疑问，到底该怎样和异性相处呢？

（1）尊重男同学是交往的前提。异性相吸是青春期发育的必然阶段。处于青春期的少男少女会产生一种强烈地要求接近异性、渴望交往的愿望，这种心理很多女孩自己也不能说清楚。面对这种难以捉摸的感情，心中会产生这样或那样的烦恼。

青春期女孩在男同学面前所表现出的种种不得体，主要在于不了解男女相处的艺术，不了解异性相吸的自然性，夸大了异性的神秘性。如果改变了对异性的看法，我们的行为也会有所改变，不妨大大方方地与男同学交往，坦承面对异性，慢慢地，就能用平和的心态与男同学交往了。

（2）要培养健康的交往意识，提倡男女同学间的广泛接触，友好相处。

不管是男同学还是女同学，都不要把性别作为是否可以接触的前提。男同学和女同学都是同学，同学之间不存在可以接触、不可以接触的问题，更不能人为地设置影响互帮互学、共同进步的心理障碍。

（3）青春期女孩不妨在老师的指导下多和男同学交往，如参加一些集体性的活动，等等。在集体活动中互相增进了解、沟通情感，清除由于不相往来而造成的隔阂。

（4）学生时代的男女同学之间，应建立亲如兄弟姐妹那样的友谊关系，尤其是男女同学单独相处时，一定要理智处事，光明磊落，善于把握自己的感情。

青春期除了是身体发育的时期，也是性格、人格等逐渐完善的时期，更是情感的萌发期，青春期女孩应该以坦荡的心态和男生交往，在交往的过程中，以尊重为前提，把握好度，注意一些问题。总之，女孩可以和男孩一起玩，但要让彼此之间的情感限定在友谊的范围内，这也有益于消除女孩对异性的神秘感，有益于女孩身心的发展！

正确理解异性相吸

青春期成长事件

俗话说:"女孩子小时候省心,大了让人操心。"女孩子到了青春期以后,我们做家长的一方面担心孩子早恋;另一方面担心孩子受到外界的伤害。于是,女儿成了家长生命中最重要的一部分,孩子一离开自己的视线就觉得不放心。

这不,有天晚上,我们全家在看电视,突然听到有吵架声,我把电视声开大了点,结果吵架的声音越来越大,我干脆关了电视,好奇心让我想听听到底是怎么回事。这一听才知道,原来是楼上传来的,估计又是妈妈担心女儿早恋的问题,而女儿则一直反驳:"我没有在学校谈恋爱,信不信由你!"

"那书包里的信是怎么回事,为什么抽屉也锁起来了?"

"什么?你检查我书包?你怎么能这样?"

"孩子,你知道不,妈妈是担心你啊,有多少女孩因为早恋而误入歧途,耽误学习,妈妈看得太多,你就听我一句劝吧。"

"我没有早恋。"

"那每天早上来接你上学的那个男孩是谁?"

"那是我们班同学,男女同学难道就不能成为朋友吗?"

"真正的男女同学之间的友谊是不会这么亲密的,妈妈明白,你这个年纪需要友谊,可是你要把握好分寸。"

"你真是草木皆兵,你是不是管我爸也这么严?"女儿一气之下说了这句话,"啪"的一下,一记耳光打在了女儿脸上,然后安静了。

我、女儿菲菲和菲菲爸爸同时"唉"了一声,这样的一幕估计在很多家庭中都发生过。

听到这里,我问了菲菲一个问题:"你明白什么是异性相吸吗?"菲菲摇了摇头。

送给青春期女孩的话

青春期异性之间相互喜欢是正常的,女孩到了青春期,渴望交往,并希望引起异性的注意,这就是人们常说的异性相吸。但不要误以为青春期就可以谈论爱情,可以和异性肆无忌惮地交往。你们现在的世界观、人生观还没有成熟,前面还有很长的路要走,现在接触一个人,立刻就对他产生爱意,这种爱情大多是盲目的,只会让自己受到伤害。以后你还有更多的事、更多的人要接触,你所喜欢的人也会不断地发生变化。所以现在喜欢一个人,一定要冷静,要学会把喜欢默默地放在心里,成为你前进的一个动力。因此,真正的异性相吸,应该是吸收对方身上的优点。

1. 在智力方面

男女生在智力类型上是有差异的。男女生经常在一起互相学习、互相影响,就可以取长补短,差异互补,提高自己的智力活动水平和学习效率。

2. 在情感方面

人的情感是丰富而微妙的,在与异性交往中获得的情感交流和感受,往往是在同性朋友身上寻不到的。这是因为两性在情感特点上存在差异:女生的情感比较细腻温和,富于同情心,情感中富有使人宁静的力量,这样,男生的苦恼、挫折感可以在女生平和的心绪与同情的目光中找到安慰;而男生情感外露、粗犷、热烈而有力,可以消除女生的愁苦与疑惑。

3. 在个性方面

只在同性范围内交往,我们的心理发展往往会变得狭隘,多项交往更能丰富我们的个性。多项的人际交往,可以使差异较大的个性相互渗透,个性互补,使性格更为豁达开朗,情感体验更为丰富,意志也更为坚强。保加利亚的一位心理学家说过:"男人真正的力量是带一点女性温柔色彩的刚毅。"

我们都有过这种体验:有异性参加的活动,较之只有同性参加的活动,我们一般会感到更愉快,活动的积极性更高,往往玩得也更起劲,干得更出色。这就是心理学上的"异性效应"。当有异性参加活动时,异性间心理接近的需要就得到了满足,于是,彼此间就获得了不同程度的愉悦感,激发起内在的积极性和创造力。尽管健康的两性交往对我们的成长有诸多的好处,但我们也要把握好两性交往的尺度,防止过与不及。

因此,青春期女孩在与异性交往的时候,一定要适度、坦诚,要像结交同性朋友那样结交真朋友,所言所行要留有余地,不能毫无顾忌。比如谈话中涉及两性之间的一些敏感话题时要回避,交往中的身体接触要有分寸等。

亲爱的菲菲,妈妈知道你很喜欢与人交往,但妈妈希望你也能把握好与男同学交往的分寸,这样,才能用你青春的画笔把真诚、纯洁、美丽、幻想都画进你绚丽的人生画卷,使自己的青春真的无悔!

"哥们儿"这个关系更适合

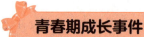 **青春期成长事件**

下课了,菲菲和莉莉一起去卫生间,菲菲拿莉莉开玩笑说:"你和我们班赵亮是不是谈了?"

"什么谈了?"

"谈恋爱啊!谁都看得出来,你们关系不一般,你就和我招了吧。"

"真的不是你想的那样,我只是觉得我们比较谈得来而已,况且,你看我这样的女生,哪个男生会喜欢呢?一天到晚大大咧咧的,整个一假小子。"

"那你到底喜不喜欢人家啊?"菲菲故意套莉莉的话。

"我也不知道,不过和他一起的时候,我觉得很自在,说实话,我很怕我们之间的关系进一步发展,因为到那个时候,友谊就会变质了。万一我表白了,他不理我怎么办?万一他也只是把我当朋友怎么办?"莉莉一脸焦虑的样子。

"那就什么也别说,就把他当哥们儿,我妈告诉我,青春期所谓的喜欢,一般不是真正的爱情,只是单纯的好感而已,你要把握好分寸哦。"

"我知道了,就跟他做哥们儿,挺好的。"说完这些以后,莉莉感觉自己整个人轻松了很多。

🔔 送给青春期女孩的话

估计有很多青春期女孩都有这样的苦恼:"我该怎么和他相处?"而莉莉的做法是正确的,青春期要把喜欢放在心底,不妨和那个"喜欢"的男孩做"哥们儿"。

青春期的女孩在与男孩相处时,容易产生两种极端的情况:一些女孩对男孩子处处设防,显得过于拘谨,"不敢越雷池半步",甚至不敢大方地说话,生怕招来非议,结果弄得自己尴尬对方也尴尬,丧失了与异性交流的机会;也有一些女孩对男孩显出过度的兴趣,好像有说不完的话,热情过了头,这种女孩给人的感觉比较轻浮。

其实,这两种极端的相处方式都是错误的,女孩与异性相处的"最高境界"就是像跟同性一样交往,也就是人们常说的"哥们儿"关系,这样你可以很自然地跟尽可能多的异性交往。记住你的每一个交往对象首先是人,然后才是男孩或者女孩,不管男孩还是女孩,你都可以与之成为朋友。

有人说,男女之间不存在绝对纯真的友谊,其实这种观点是错误的,也是狭隘的。

人类的情感有很多种,而和异性之间的关系也不仅限于人们常说的爱情,还有关爱、喜欢、欣赏,等等。异性交往并非必然陷入恋情,更可能是同学、师生、朋友、合作伙伴等多种人际关系。另外,青春期是人格完善的阶段,与异性相处还是一种"爱的修炼",是对未来婚姻家庭的准备,也是对未来事业发展和适应社会人际关系的必要准备。

进入青春期渴望与异性交往，是女孩身心健康发展的重要标志。再说，青春期的女孩一切都处于就绪和准备的阶段，更需要从异性身上学到自身不足的东西。只要男孩有清醒的头脑，把握好自己，也可以尝试着和女生做"哥们儿"。

另外，女孩与异性交往的时候，也不要刻意地淡化自己的性别，在心态上把对方看成同性，并不改变对方是异性的事实，只是有助于你扩大交往圈子，大方地接近异性。所以任何时候都要记住自己是女孩，这样才能有意识地在与男孩的交往中保护自己。

再者，女孩也可能会对某个异性产生好感，此时，女孩要把握好尺度，尽量避免和异性谈及情感问题，学会把你们的关系往友谊上引导，学习上与其取长补短，要学会不伤感情地拒绝异性的追求。青春期女孩可以和异性做无话不谈的朋友，异性间应建立良好的友谊，互帮互助，促进身心健康的发展，但应注意度，尽量避免"一对一"的异性相处。

总之，青春期女孩要记住，并不是所有的深入交往都要发展成亲密的关系，女孩要学会处理和异性之间的关系，"哥们儿"这个关系更适合，否则容易引起误解，欲罢不能，甚至严重的会对自己造成无法挽回的伤害，影响身心的发展。青春期只有一次，别让青春期的美丽之花提前凋谢！

学会不伤感情地拒绝他

青春期成长事件

莉莉的担心还是来了,她一直想,和那个自己关系好的男生就这样做"哥们儿"挺好的。但暑假的一个晚上,那个男生在网上给莉莉留了一封情书,写得很长,足足有几千字,大致内容是:"在别人眼里,可能你是个大大咧咧、甚至连裙子都没穿过的女孩,但我正是喜欢你这点,毫无掩饰、不拘小节,和你在一起的每一秒,我都很快乐,自从和你接触以后,我发现你比其他任何女孩都可爱,我也不知道为什么,我觉得自己如果不把这些说给你听的话,我会窒息的,请你做我的女朋友吧。我知道,让你一时接受这些很难,但请你好好考虑。"

莉莉和菲菲这两个丫头之间是没有秘密的,莉莉把这份情书邮件转给菲菲的时候,菲菲笑了半天。第二天一大早,莉莉就来找菲菲:"这事儿就你知道,可别告诉别人哦,你说我怎么办啊?"菲菲很苦恼。

"看来,上次我说让你和他保持哥们儿的关系泡汤了,那你接受呗。"

"什么,你开玩笑吧,这时候还拿我寻开心,我爸妈还不知道这事儿呢,要是知道,我不完蛋了?"

"要拒绝是肯定的,但我觉得你不能直接拒绝他,毕竟你们以前的关系那么铁,他人也很好,人家写这份情书,也是需要巨大的勇气的,要是直接拒绝,肯定会伤害他,你们就连朋友都做不成了。"

"是啊,我担心的也是这个,他经常帮我忙,我真的拿他当好朋友,那你说我怎么办吧?"

"写一封信,拒绝的信,但一定要注意,态度要坚决,语气要委婉。"

"对哦,这样很好,能避免见面拒绝的尴尬。可你知道,我的文笔很差劲,该怎么写?"

"拿笔来,我帮你,有我出手,还怕搞不定?"……

送给青春期女孩的话

作为一个女性,当我们得到所期望的求爱时,内心会感到莫大的满足和幸福,但当求爱的人是自己不满意或不能当作恋人来喜爱的对象时,就会感到莫大的苦恼。苦恼的根源在于我们既想拒绝这一爱情表白,又怕伤了对方的心。尤其在对方与自己有深厚友谊时,这苦恼就来得更为强烈。因为一旦拒绝,友谊很可能会因为一句"对不起"而随风消逝。然而,不管多么困难,不能接受的爱情总是要加以拒绝的。对青春期的女孩来说,拒绝别人的求爱更是件不容迟疑的事。但是,要选择好方法和时间:

1. 态度要坚决,不能模棱两可

拒绝对于对方来说难免是一种伤害,但不能因此而犹豫不决。因为这样,

会造成不必要的误会，对彼此都不好，既然是对你有好感、追求你的人，对你的言行都非常敏感，不要给他任何希望，才会让他知难而退。

2. 学会不伤自尊地拒绝对方

当然，这也要根据对方的性格和人品而言。

如果对方是道德品质好、真心实意求爱的异性，如果你希望能维持彼此间的友谊，你就要注意自己说话的方式，尽量减少拒爱给对方造成的心理伤害，也使对方更易于接受。要让对方明白，你拒绝他并不是因为他不够好，而是因为自己的原因。具体说来，你不妨先对对方的人品和才华等加以赞许，然后说明你不能接受求爱的理由；说出的理由要合乎情理，最好从对方的角度提出有利的方面，让对方觉得拒绝也是为了他（她）好。

3. 选择合适的时机。

合适的时机是对方求爱一段时间后，一般来说，不要在对方刚表白后就立即加以拒绝，因为此时对方很难接受；但也不可拖延太久，给对方造成误会。当然，具体选择什么时机，要视具体情况而定。

4. 选择恰当的方式。

应该考虑到你们平素的关系和对方的个性特点，选择或冷处理，或面谈，或书信等方式，但建议你不要采用托人转告的方式，也不要在公共场合，因为这显得对对方不够尊重，还可能带来不必要的麻烦。

亲爱的莉莉和菲菲，你们的做法是明智的，我相信你们能把握好和异性交往的度，处理好一些友谊之外的感情，也希望你们能在健康、阳光的氛围中度过青春期！

对于老师，喜欢还是崇拜

青春期成长事件

有天晚上，我们全家在看电视，突然看到一则新闻，讲的是一个初中女孩向老师求爱被拒后离家出走的事，大致是这样的：

这个女孩出生在农村，哥哥在城里打工供她上重点中学，可她竟然喜欢上了自己的一个老师，当她向老师表白后，老师委婉地告诉她，她年龄太小，应该安心读书。女孩在"表白"遭到老师拒绝后，竟然不去上学也不回家，家人非常着急，四处寻找，好不容易在一家超市找到了她。家人并没有责怪她，她的哥哥还劝她先好好读书，等将来学业有成，再谈感情也不迟。可谁曾想到，女孩又一次偷偷地离家出走了。哥哥在出来寻找的途中恰好遇到了她，可女孩坚决不跟哥哥回家，于是，哥哥就动手打了她，还强行将她拉回家。

在她出走前写了一篇日记："我今年15岁了，我觉得我已经长大了。一开始我问自己是不是疯了，我也觉得太不可思议了。现在我明白了，这是人生的必经之路，我不再迷茫了。经过反复思考，我发现我真的爱上他了，的确，我自己无法阻挡。他有妻子和孩子，不过我依然爱上了他，因为他有一颗善良的心。我是从初一开始发现的,我刚来这个城市在黑暗里挣扎的时候,是他把我救了出来。在我没有信心的时候,是他给了我信心,让我重新站了起来。在我有危险的时候,他会不顾一切地帮我。为了我,他付出了很多。一开始我只是感激他,慢慢地,我对他产生了依赖感,到最后我发现我离不开他了。可那时,我只把他当作我的一个长辈。不过,现在我发现我不止把他当作老师,我已经爱上了他。"

看着这个稚气未脱的女孩,我深深叹了口气,这时候,菲菲问我:"妈妈,如果一个女孩真的爱上了老师该怎么办?"

"女孩对于老师,一般情况下都是崇拜,而不是爱,你们这个年纪,对情感还是懵懂的,往往会混淆什么是好感,什么是爱!"菲菲似懂非懂地点点头。

送给青春期女孩的话

青春期是每个少女情窦初开的年纪,而与之接触最多的除了同学就是老师。这个年纪的女生最容易对稍长几岁的男老师产生爱慕之情,因为他们高大、帅气、讲课慷慨激昂、语言幽默生动;而那些年纪稍大的男老师,也容易吸引年轻女生的眼球,因为他们儒雅、绅士,即使最枯燥的内容也能讲得栩栩如生。于是,很多女生感叹:爱上男老师该怎么办?

基于这个问题,女生首先要让自己清楚,这只是一种喜欢而并非爱,爱与喜欢之间有很大的差距。那么,青春期女孩该怎样分清对老师的情感是爱还是崇拜呢?这当然要凭借一定程度的理性来说服与控制自己的情感,这就需要冷静地思考一下以下几个问题。

（1）爱一个人或许不需要理由，但必须知道爱他什么，也就是他有什么特质吸引了你。

（2）爱是相互的，爱一个人从某种角度讲，其实是意欲将自己的情感强加于被爱者，所以你必须明白对方的感受或意愿。

你清楚老师被你"爱"的感受或意愿吗？

（3）爱除了是一种感觉外，更需要责任心。爱一个人说白了是要对对方的一生负责，包括生老病死，贫穷与灾难，和他可能产生的移情别恋。任谁都有权利爱或被爱，但必须清楚自己的爱的储备是否足够对方一生的消耗。请认真清点自己的储备是否充足。

（4）爱情也需要经济基础。

在经济社会，没有超越经济、社会地位、人文环境之外的"纯粹的爱情与婚姻"，爱的双方必须拥有相对平衡的社会平台。

当明白这些以后，你就会了解，他并不是适合你的人。

首先，你们年龄上就有一定的差距，人生经验和社会阅历上有差别，人生观、价值观上也有不同点，当然这并不是很重要的问题。

其次，青春期的喜欢并不稳定。你们之间并不是相互了解，你之所以喜欢他，是因为你把他想象的比现实中完美了。而你也许是情窦初开，等心理成熟以后就会发现，其实你所选择的他并不是你想要的那种人。

还有，在学校里容易受到周围人的影响，可能你并不想谈恋爱，但是别人都在谈，你也许就会去留意某个人，实际上他并不一定就是你心目中原来的那个白马王子。

青春期的女孩要把对老师的爱慕转换为学习的动力，如果你把这种喜欢的感觉用得恰到好处，你会发现这是你学习的动力，能促进你学习的劲头，但如果你执意觉得这是种不正当的想法，往往会使你成绩下滑，身心憔悴。喜欢老师没什么可怕的，相反，这是正常的。这表明你已经开始注意异性，并有了爱的能力，但你要把握好一个度，它是你单调的学习生活中的一抹彩色，能够照亮你的心！

第七章 Chapter 7

学习性教育知识，但绝不可偷尝禁果

青春发育期的女孩，年龄一般在13~18岁。这个年龄段的女孩正在上初中、高中，或者刚刚步入大学或中等专业学校，她们正处于长身体、学知识的黄金时段。然而，有些女孩在这人生的十字路口，由于不能理智地控制感情，分不清友情和爱情，常常陷入早恋的泥潭，甚至发生性越轨和未婚先孕的情况。性越轨和未婚先孕不仅会摧残少女的身体，还会给她们的心灵带来巨大的创伤。因此，每一个女孩都应学会自尊、自爱、自重、自强，珍惜自己的青春年华，避免"一失足成千古恨"而使青春之花过早地凋零。

学会自我保护,防止性侵害

青春期成长事件

有个星期天的中午,菲菲正在睡午觉,莉莉兴冲冲地跑来找她,把她吵醒了。

"跟你说个大快人心的事情。"

"什么事啊?我正要梦周公呢,就被你吵醒了。"

"我有个笔友,跟你说过的,你知道她吧?"

"知道,叫刘凯丽,是吗?"

"是啊。她今天给我写信来了。"

"是吗?说什么了?"菲菲一下子瞌睡一点儿都没了。

"她们学校有个老师很变态,居然骚扰她。"

"你说清楚点,后来怎么样?"

"凯丽今年初三,一段时期以来一直感到非常不安,原来,她担任数学课代表后,与数学老师的交往多了,数学老师经常在放学后将凯丽单独留下来,有时是'谈心',有时是让凯丽帮助自己登记成绩。开始时,数学老师经常摸凯丽的头发,说她长得漂亮,凯丽并不在意,但后来数学老师不仅言谈轻浮,讲一些出格的语言,而且对凯丽动手动脚。凯丽感到了问题的严重性,不仅严词抵制并警告他说,如果再这样就要告诉自己的家长和校长,这使数学老师不敢再肆意妄为了。以后凡是数学老师叫凯丽帮忙，凯丽总是让同学和她一起去。就这样，凯丽的态度震慑了数学老师，同时也使数学老师无法单独与凯丽在一起，从而有效避免了来自数学老师的性骚扰。"

"的确是，我们也要向凯丽学习，以后在生活中多注意，要学会保护自己。"

送给青春期女孩的话

1. 什么是性骚扰

（1）任何人对其他人做出不受欢迎的性要求或不受欢迎的获取性方面好处的要求。

（2）他／她们做出其他不受欢迎的涉及性的行径，而这些行径使一个正常的人感到被冒犯、侮辱或威胁。

总而言之，任何以言语或肢体，做出有关"性的诉求"或"性的行为"，使得对象（受害人）在心理上有不安、疑虑、恐惧、困扰、担心等情况，均属性骚扰。

美丽的青春期女孩是异性关注的对象，很容易引起一些性骚扰者的注意，女孩在遭遇性骚扰的时候，应采取恰当措施保护自己，但最好的办法还是尽量避免被性骚扰，应当像凯丽那样，积极行动起来，勇敢面对性骚扰，采取预防措施。即使面对性骚扰的现实侵害也不要害怕，应当学会审时度势，针对不同的情况，找出对策，然后采取不同的措施。

2. 怎样才能避免性骚扰，让自己远离性侵害

（1）在公共场所，尽量待在人群里，不要给性骚扰者下手的机会，遇到一些行为怪异的异性，应及时回避，同时还应该把你的拒绝态度明确而坚定地表达给对方，告诉他你对他的言行感到非常厌恶，若他一意孤行将产生严重的后果。

（2）对陌生男性要保持高度的警惕性。外出时，尤其是陌生的环境，若有不认识的男性搭讪，不要理睬，要注意那些不怀好意的尾随者，必要时采取躲避措施。而对于那些总是探询你个人隐私，过分迎合奉承讨好你，甚至对你的目光和举止有异样反应的男性，都应引起警觉，尽量避免与其单独相处，不给对方留下"下手"的机会。

（3）自尊自爱，不衣着暴露，减少发生性骚扰的可能性。很多调查资料显示，穿着暴露的女孩更容易引起性骚扰者的注意。而现实生活中，就有那么一些女孩，明知道这个道理，但衣着打扮的过分暴露，袒胸露背或穿超短裙之类的服饰；有的女孩身着奇装异服，行为轻浮；也有一些女孩，喜欢听一些恭维、吹捧、赞美的话，或者刻意卖弄自己的青春魅力，这类女孩很容易引起男性的性欲望，最终成为性骚扰的目标。如果女孩能够自尊、自爱，就能够有效防止自己成为性骚扰的对象和陷入被骚扰的困境。

（4）尽量不要与异性结伴而行，不给性骚扰者提供机会。女孩子不比男孩子，要有警惕心理，要懂得保护自己。当有陌生男人问路时，不要带路；也不要随便接受陌生人的宴请，预防坏人会在食品里下药；更不要搭乘陌生人的机动车或自行车，防止落入坏人圈套。总之，女孩应尽量避免夜间独自外出，尽量走光线明亮的大路。对于行人稀少，没有路灯设施的黑街暗巷，最好结伴而行。

青春期是女性一生中最宝贵的时间，是人格的塑造期。青春期女孩对社会还未形成比较深入全面的认识，应尽量避免遭遇性骚扰，远离性侵害，我也希望你们都能在生活中形成自我保护的意识，不要让自己受伤害，要让自己健康、快乐地成长！

 ## 艾滋病到底是什么病

青春期成长事件

12月1日是一年一度的世界艾滋病日,当然学校也要号召师生在这一天举办相关活动,宣传和普及预防艾滋病的知识。

这不,刚下课,菲菲就看到三年级的师兄师姐们在布置展板了,她便拉着洋洋去看展板,没一会儿,就有好多人围在展板附近。

"天啊,原来和艾滋病人说话不传染的呀,我一直以为空气也会传染呢!"洋洋表现出很吃惊的样子。

"是啊,我以为蚊子也会传染呢。"另一个女生也应和着。

"很多人对艾滋病都有误解,多了解一些,你们就会知道的。"布置展板的学姐说。

关于艾滋病,青春期的女孩应该了解以下内容:

1. 艾滋病的定义

艾滋病，即获得性免疫缺陷综合征（又译：后天性免疫缺陷症候群），英语缩写 AIDS 的音译。1981 年在美国首次被确认。曾译为"艾滋病""爱死病"。分为两型：HIV-1 型和 HIV-2 型，是人体感染了"人类免疫缺陷病毒"（又称艾滋病病毒）所导致的传染病。艾滋病被称为"史后世纪的瘟疫"，也被称为"超级癌症"和"世纪杀手"。

HIV 是一种能攻击人体免疫系统的病毒。它把人体免疫系统中最重要的 T4 淋巴组织作为攻击目标，大量破坏 T4 淋巴组织，产生高致命性的内衰竭。这种病毒在地域内终生传染，破坏人的免疫平衡，使人体成为各种疾病的载体。HIV 本身并不会引发任何疾病，而是当免疫系统被 HIV 破坏后，人体由于抵抗能力过低，丧失复制免疫细胞的机会，从而感染其他的疾病导致各种复合感染而死亡。

2. 艾滋病的症状

艾滋病病毒在人体内的潜伏期平均为 12～13 年，在发展成艾滋病病人以前，外表看上去正常，他们可以没有任何症状的生活和工作很多年。

艾滋病的临床症状多种多样，一般初期的症状表现为伤风、流感、全身疲劳无力、食欲减退、发热、体重减轻。随着病情的加重，症状日见增多，如皮肤出现白色念珠菌感染，单纯疱疹、带状疱疹、紫斑、血肿、血疱、滞血斑、皮肤容易损伤，伤后出血不止等；以后渐渐侵犯内脏器官，不断出现原因不明的持续性发热，可长达 3～4 个月；还会出现咳嗽、气短、持续性腹泻、便血、肝脾肿大、并发恶性肿瘤、呼吸困难等症状。由于症状复杂多变，每个患者并非会出现上述所有症状。一般常见两种以上的症状。按受损器官来说，侵犯肺部时常出现呼吸困难、胸痛、咳嗽等；侵犯肠胃可引起持续性腹泻、腹痛、消瘦、无力等；侵犯血管则会引起血管性、血栓性心内膜炎，血小板减少性脑出血等。

3. 艾滋病的传播途径

艾滋病传染主要是通过性行为、体液的交流和母婴传播。体液主要有：精液、血液、阴道分泌物、乳汁、脑脊液等。其他体液，如眼泪、唾液和汗液中，存在的数量很少，一般不会导致艾滋病的传播。

人们经过研究分析，已清楚地发现了哪些人易患艾滋病，并把易患艾滋病的人群统称为艾滋病易感高危人群，又称为易感人群。艾滋病的易感人群主要是指男性同性恋者、静脉吸毒成瘾者、血友病患者、接受输血及其他血制品者和与以上高危人群有性关系者等。

而生活中一般的接触是不会传染艾滋病的，所以艾滋病患者在生活当中不应受到歧视。艾滋病患者吃过的菜、喝过的汤是不会传染艾滋病病毒的。艾滋病病毒非常脆弱，一旦离开人体，暴露在空气中，没有几分钟就会死亡。艾滋病虽然很可怕，但该病毒的传播力并不是很强，它不会通过我们日常的活动来传播，也就是说，我们不会经浅吻、握手、拥抱、共餐、打喷嚏、共用办公用品、厕所、游泳池、电话等而感染，甚至照料病毒感染者或艾滋病患者都没有关系。

菲菲以及所有的青春期的女孩们，如果以后你们身边有艾滋病患者的话，不要歧视他们了，应在精神上给予他们鼓励，让他们积极配合医生的治疗，战胜病魔，同时让他们注意自己的行为，避免将病毒传染给他人。

青春期性行为绝对不可取

青春期成长事件

期末考试终于结束了，菲菲想好好地放松一下，我也不是那么苛刻的人，于是，今晚我特许菲菲好好地上一次网，这小丫头一听可以上网，兴奋得像只小鸟一样，马上打开电脑。当然，首先，她就登上了QQ账号，和久违的几个朋友聊了起来。

菲菲有个聊得来的朋友，并称呼这个朋友为姐姐，一阵寒暄之后，两人聊起来了。好像这个姐姐有很多烦恼，于是，她一股脑儿地都和菲菲倾诉了。

"菲菲，我又去做人流了，这已经是第三次了，我知道这样不好，可是我真不知道怎么办！"

菲菲一听，吓得半天没说话，毕竟在她的世界里，彼此都还是孩子。

"姐姐，你为什么要做人流呢？"

"怀孕了，还没结婚就要做人流呀。"

"那你不怀孕不就行了，我听说人流对身体伤害很大。"

"是啊，我自己也后悔。总之，菲菲，你要好好学习，不要在学校谈恋爱，更不要做出什么越轨的事，不然到时候就和姐姐一样，后悔都来不及了。"

第七章 学习性教育知识，但绝不可偷尝禁果

菲菲听完这些以后，久久不能平静，她来找我："妈妈，为什么那些女孩都要做坏事呢？既然对自己身体不好，为什么还要做？"

"菲菲，妈妈知道你是好孩子，青春期就是要好好学习，有些事，一旦做错就是一辈子的事，你知道吗？"菲菲点了点头。

送给青春期女孩的话

女孩一旦到了青春期，性意识便开始萌发，渴望和异性交往，这些都是情理之中的事，与异性适当交往，对女孩的身心发展很有帮助，但女孩一定要理智对待，注意度的把握，不可早恋，更不可在青春期就发生性行为。

青春期的女孩一旦"坠入情网"，常会有性冲动，这也是正常的。但青春期的女孩应该学会自尊、自爱，学会保护自己，而且，青春期开始性生活，对于一个未成熟的少女来说，无论是对身体还是心理，都有极大的危害：

1. 过早的性生活会给正处于发育阶段的生殖器和阴道造成损伤，甚至出现感染

青春期的女孩子身体各个部位的器官都还未成熟，尤其是阴部的皮肤组织还很娇嫩，阴道短表面组织薄弱，性生活时可造成处女膜的严重撕裂及阴道裂伤而发生大出血，同时还会不同程度地将一些病原微生物或污垢带入阴道，而此时期女性自身防御机能较差，很容易造成尿道、外阴部及阴道的感染。如控制不及时还会使感染扩散。

2. 过早的性生活可因妊娠而带来身心的伤害

如果女孩在性交时不采取有效的避孕措施，极有可能怀孕，一旦怀孕就必

须做人工流产，这是挽救女孩错误的唯一措施，而人工流产不仅对女性身体不利，还会引起一系列的并发症，如感染、出血、子宫穿孔以及婚后习惯性流产和不孕等，而且周围的舆论压力和女孩本身的自责、内疚，会给自己造成严重的心理创伤，流产后的女孩会很长一段时间都摆脱不了周围人的流言飞语，甚至会影响婚后正常的性生活。

3. 过早的性生活可严重影响心理健康

性意识的朦胧可能会让少女偷尝禁果，但一般情况下，她们都是偷偷摸摸地进行，缺乏必要的准备，因此会精神紧张。同时，在性生活过程中和事后会因怕怀孕、怕暴露而产生恐惧感、负罪感及悔恨情绪，久之还会使人发生心理变态，如厌恶男子、厌恶性生活、性欲减退、性敏感度降低和性冷淡等。这些都会对女孩未来正常的婚姻生活造成一定的负面影响。

4. 过早的性生活会影响学习和工作

青春期的少女正处在学习、工作和积累知识，为自己创造辉煌未来打基础的黄金时代，如果有性生活必会分散精力，甚至无心学习，对本人、家庭和社会都不利，严重的会影响学业甚至一生的命运。

所以说，少女在青春期应忌性生活，要珍惜自己的青春与身体，应把注意力和兴趣投入学习、工作中去，这对自身的健康成长、事业成就、生活幸福都有重要意义。

亲爱的菲菲，妈妈很欣慰，你能意识到青春期性生活的危害，妈妈也希望你能度过一个身心健康的青春期！

第七章 学习性教育知识，但绝不可偷尝禁果

有性幻想了，就是坏孩子吗

青春期成长事件

周围的亲戚中，和菲菲同龄的女孩很多，堂姐就有个女儿叫可可，是个很听话的女孩。

可可很小的时候，妈妈就让她养成了每天晚上洗下身的习惯，先是妈妈帮着洗，大一点儿后就换成了她自己洗。对于这个习惯可可从未在意，她只是把它当成一件跟洗脸、洗脚一样每天必做的差事。直到14岁的一天，她来月经了，妈妈告诉她她已经长大了。从那以后，可可每次洗那个地方都觉得很羞涩。

最近可可和班上一个叫风的男孩子走得比较近，慢慢地，她开始做一些奇怪的梦："晚上我躺在床上，满脑子都是风的影子，白天那种触电般的感觉总像毛毛虫一样刺激着我，我还做了和他在一起的梦。为了把风从我的脑海里赶走，我强迫自己读书，往往眼睛看着书本却不知道看的什么内容。可偏偏也怪了，对于一些描写爱情的小说、诗歌及有关恋爱的书籍我又特感兴趣。在这种矛盾心理的折磨下，我的学习成绩下降了。"这是可可的日记，堂姐怕孩子做出不轨行为，于是就偷看了。

那天吃过晚饭，可可端了一盆温水径自走进卫生间。当那个地方接触水的温热的一刹那，可可感到身上一阵发麻。随着手的不停搓动，可可情不自禁地发出了满足的声音。正当她陶醉于身体的快感时，突然听到背后一声大喊："你在干什么？！"可可转过身看见妈妈愤怒的眼睛，只觉脑袋"嗡"的一声，瘫坐在地上……

这些都是堂姐后来跟我说的，很明显，可可有了性幻想，可是，有性幻想就是坏孩子吗？

送给青春期女孩的话

其实，可可的故事在很多女孩身上都发生过。当女孩步入青春期，在性激素的影响下，开始会有性的萌动，甚至有性幻想。

可能很多青春期女孩和她们的父母都认为，那些学习成绩好，听父母和老师的话就是好孩子；反之，一旦做了让父母或者老师不中意的事情就变成了坏孩子。很多女孩在有了性幻想的体验后，就觉得自己是个坏孩子，羞愧、自责甚至无心学习。实际上，性和吃饭一样，是人体必需的。因为，从生理角度上看，性冲动不受大脑支配而是由血液中的激素水平所决定，是一种不以人的意志为转移的自然现象，也是一种自然能量的积累过程，当它积聚到一定程度就应该有一个合理的宣泄途径。因此，性幻想就产生了。

那么，性幻想一般是怎么产生的呢？

处于青春期的女孩，在一般情况下是不会产生性幻想的，但如果受到内外环境的刺激，如窃窃私语、异性体味体貌、抚摸、想象等，就会产生神经冲动，这种冲动传导到大脑的有关中枢便会形成性兴奋，并通过神经系统作用于生殖器官，导致其生理和心理发生变化。

对于女孩来说，一般表现为阴蒂和阴道壁的充血膨胀，黏液分泌增多。在发生这些变化的同时，心里也会产生激动和快感。

因此，性幻想是一种青春期女孩的性冲动。女孩不必惊讶，这是女性发育到一定阶段的正常生理现象，但也应该加以控制，以免影响学习和生活。因为频繁的性冲动会使人对学习的兴趣下降，如不加控制，便会使神经系统在短时间内失控，做出不理智的事情。

为避免这样的局面出现，女孩应该从小树立生活的理想和奋斗目标，把心思多放在学习和健康的生活上，多参加一些有意义的公共活动，让生活更充实，兴趣更广泛；尽量让自己远离黄色材料；让自己养成有规律的生活习惯，这样，自己对性的关注就会减少。同时，要和异性保持正常交往，以消除对异性神秘感的好奇。

处女膜是一种怎样的构造

青春期成长事件

有一天,菲菲和洋洋两个人走在路上,在一家妇科医院门口,几个发传单的人竟然丢给菲菲一本宣传册,霎时间"处女膜修补手术"这几个大字映入菲菲的眼睛,当时,菲菲快要羞死了,可洋洋还非要看。

"菲菲,什么是处女膜修补手术呀?"

"就是我们身上的某个零件不完整了,需要修理吧。"

"那我们的没问题吧,是哪个零部件啊?"

菲菲已经羞得想找个洞钻进去了,洋洋还这么问。她生怕哪个路人听见自己和洋洋的对话,为保险起见,菲菲还是准备把宣传册丢进垃圾桶,却被洋洋一手夺了过来。

"你真是不害臊,我们的肯定没问题。"

"你怎么知道没问题,你去医院检查过吗?"

"拜托,我们结束这个话题吧。"

"不行,你得跟我说清楚。"菲菲已经被洋洋缠上了。

就这样,两人拿着一本处女膜修补手术的宣传册,一直"纠缠"到家,刚好被我看到,为了消除洋洋的好奇心,我将这些都告诉了孩子们。

 **送给青春期女孩的话**

关于处女膜,青春期的女孩需要了解以下几个方面的知识。

1. 什么是处女膜

关于处女膜,很多青春期的女孩认为其很神秘,那么,到底什么是处女膜呢?处女膜的构造又是什么样的呢?

处女膜是其他雌性动物没有而人类女性所独具的,它在胎儿3~4个月时出现、发育、形成。处女膜是覆盖在女性阴道外口的一块中空薄膜,有1~2毫米厚,膜的正反两面都是湿润的黏膜,两层黏膜之间含有结缔组织、微血管和神经末梢,中间的小孔叫处女膜孔。处女膜孔的大小和膜的厚薄程度每个人各不相同。处女膜孔的直径为1~1.5厘米,通常为圆形、椭圆形或锯齿形;有的呈半月形,膜孔偏于一侧;有的为隔形孔,有两个小孔上下或左右并列;有的有很多分散的小孔,就像筛子上的小孔。

2. 处女膜有什么用处

处女膜对于女性的健康起着很重要的作用:处女膜可以防止外界不洁的东西进入阴道,有保护阴道的作用。

青春期前,由于卵巢所分泌的雌激素很少,这时阴道黏膜薄、皱襞少、酸度低,故抵抗力差,处女膜有阻拦细菌入侵阴道的保护作用;青春期后,随着卵巢的发育,体内雌激素增多,阴道抵抗力有所加强,处女膜也就逐渐失去了作用。处女膜孔是生理所必需的,女子成熟后,每月一次的月经血就是通过这个小孔排出体外的,如果膜上没有小孔,则每月的月经血被它挡住而不能排出体外,医学上叫作处女膜闭锁。如果没有及时发现,月经血就会在阴道内积聚,长年累月以后可向上扩展到子宫腔和输卵管,通过输卵管的远端开口,流入腹腔中,使输卵管破损,肠管粘连,腹腔感染。

亲爱的孩子们,青春期是性的萌发期,对于这些生理知识,你们一定要从正面渠道了解。不必羞怯,对于性问题的好奇是青春期的正常心理,大方地面对性问题,用正确的心态去学习和理解,这样才能更好地保护自己!

阴道检查，会损伤处女膜吗

青春期成长事件

阿芳最近总感觉下身不怎么舒服，她以为是自己的卫生习惯不好，于是，大冬天的，她由以前的一个星期洗两次澡改为一天洗一次，每天晚上很晚才回家的妈妈总是看到阿芳换内裤，妈妈以为女儿爱干净也没多说什么。可是阿芳的症状并没有缓解，甚至越来越严重了，有时候，痒的让阿芳不知所措。她很想告诉妈妈，让妈妈带她去医院，可是又怕人家说她干了什么坏事。另外，听说妇科检查需要做阴道镜，那样处女膜会破的。这几个原因，让她一直纠结着。

终于有一天，她憋不住了，来找菲菲问怎么办。

"我真的很怕，情况越来越严重了，我该怎么办？"

"你别急，我去问问我妈，她肯定知道阴道检查会不会损伤处女膜。"

菲菲很不好意思地来问我，我反倒说："我都听到了，你把阿芳叫过来。"

"阿芳，我知道你的顾虑，我跟你说，阴道检查是有可能损伤处女膜的，但也不绝对，不能因为怕损伤处女膜就不去医院做检查，万一真的身体有问题了怎么办？耽误了可是大事，你要是觉得不好意思，我和菲菲陪你去，先不告诉你妈妈，你看行吗？"

"阿姨，我听您的，您真是太好了，是世界上最好的妈妈，菲菲真是幸福。"

送给青春期女孩的话

和阿芳一样，很多女孩有了妇科炎症以后，需要去医院做妇科检查，可是有一个顾虑，害怕阴道检查会损伤处女膜。

的确，阴道检查可能会导致处女膜的损伤，但是，近几年来B超和腹腔镜开始发展，对一般的妇科疾患都可以做出明确诊断，就不需要再做阴道检查了。未婚少女做妇科检查一般是通过直肠、腹壁联合检查了解盆腔的情况。但有一些情况必须做阴道检查。

那么，什么情况需要进行阴道检查？如有下述情况应予以考虑：

（1）病变部位在宫颈或阴道。

（2）盆腔包块的来源不清楚。

（3）需要进行刮宫术等。

这个时候应进行阴道窥器检查，直接观察病变或做双合诊、三合诊以了解盆腔情况。

而且，阴道检查除可导致处女膜破裂外，没有其他不良影响。为了明确诊断及解除病痛，应接受必要的检查，同时医生对少女做阴道检查，也要认真、严肃地对待，在进行阴道检查时，可适当给些镇静剂，使骨盆肌肉放松而取得满意的检查效果。为了身体健康，患者与家长应与医生密切配合，打消不必要的思想顾虑。

有些少女又有疑问：阴道检查有很大的痛苦吗？

未婚少女进行阴道检查的确有一些痛苦，通常需要辅加止痛、镇静剂，有时还需要在麻醉状态下进行。这样可使患者达到减轻疼痛或无痛的状态。

为了身体健康，女孩若是患病，还是应该与家长、医生密切配合，打消不必要的思想顾虑，也不要相信处女膜破裂就不是处女的谬论，因为处女膜的破裂与否和是不是处女之间没有必然的联系。

亲爱的阿芳和菲菲以及所有的青春期女孩，一定要以健康为重，身体是革命的本钱，一旦身体不舒服，不要有过多的疑问，要告知父母，父母是你们的依靠。

青春期少女是不是就没有妇科病

青春期成长事件

文文是个娇小的女孩，从小体弱多病，她爸妈生怕这孩子养不大。好不容易长大成人了，却三天两头上医院。

十四岁那年，文文也来月经了，可这每个月的"好朋友"真是文文的敌人，每次来都差点要了文文的命，这很明显是痛经，可这孩子倔，就是不愿意去医院看，其实，大人们都知道她是害羞，怕同学知道了说长道短。

文文的妈妈几次来找我，让我和菲菲好好劝一下她。

那天，我特准菲菲和文文一起在我家上网，这俩人一上网就打起了游戏，连中午吃饭都忘了。下午，两个小丫头累了，就躺在卧室的床上睡着了，睡着睡着，文文突然喊肚子疼，我一看，床上已经一片红了。她一直捂着肚子说对不起，看着这孩子痛经这么厉害，我心想，今天一定要带她去医院。

"文文，你这样下去不行，今天我和菲菲一定要把你带到医院去。"

"我不去，我还是个未婚的女孩子，去医院做妇科检查，人家会笑话我的。"

"谁说的,上周我还带菲菲去做B超呢,她也不舒服,是不是,菲菲?"我转过脸来对菲菲使了个眼色。

"是啊,你看,也没人说我,女孩要经常做妇科检查,才能及时地知道自己的身体状况。"

菲菲这么一说,文文才答应和我们一起去医院。

送给青春期女孩的话

对于少女来说,总是对妇科检查有着一种害羞和畏惧的心理,还认为尚未结婚的女孩根本不需要做妇科检查,其实这是一种错误的想法。有些妇科疾病随时都可能在你身上发生,有几种可能会让你不得不站在妇产科的大门口。

1. 痛经

青春期女孩一般都会因痛经而不得不去医院进行诊断。痛经看似简单,但也要引起注意。在行经前后或经期中发生明显腹痛导致影响学习、生活和工作,这便是痛经。痛经有原发性和继发性两种。少女的痛经绝大多数为原发性,主要是子宫内膜中的前列腺素含量过高引起的。痛经发作时下腹阵痛,有时疼痛还会放射到阴道、肛门和腰部。腹痛剧烈时面色苍白,冒冷汗,手脚冰冷,还会出现恶心呕吐甚至昏厥。一般要到经血量增多后,腹痛才缓解。

2. 外阴瘙痒

已婚女性外阴瘙痒与少女不同,她们一般是由于患阴道炎、外阴炎而瘙痒。而少女的外阴瘙痒,则多见于长期穿化纤内裤、牛仔裤等紧裹臀部的外裤,不注意外阴部清洁卫生而引起的。

青春期的少女一定要注意阴部的卫生,因为会阴部有白带、尿液、粪便和经血的污染，如果不注意局部清洁卫生，这些污垢便会刺激局部皮肤，引起外阴瘙痒。如果会阴部得了牛皮癣、湿疹和神经性皮炎等皮肤病后，也会引起外阴瘙痒。

3. 无阴毛

阴毛是一个人的第二性征之一。经过青春发育期以后，由于性激素的缘故，都应该出现阴毛和腋毛，而且，阴毛出现的年龄早于月经初潮年龄，在12岁左右便会出现。经过青春发育期的妙龄少女如果无阴毛，那就有可能患了脱纳氏综合征、单纯性腺发育不全和睾丸女性化等内分泌疾病。单纯不长阴毛，但是其他方面都正常者，可能是阴部毛囊对自身雄性激素不敏感所致。这种情况不算病态，不影响健康，也不影响婚姻和生活。

4. 原发性闭经

月经是女孩子迈向成熟女人行列的重要标志，但也有一些女孩子，到了青春期却没有来月经，这种情况下，女孩一定要去做妇科检查。女孩长到了13～15岁时就应该来月经了，最迟到17～18岁也应月经初潮。如果过了18岁月经还迟迟不来，就是得了原发性闭经。如果月经初潮以后再出现闭经，便称为继发性闭经。

月经的来潮，需依赖丘脑下部脑垂体卵巢功能的协调和子宫内膜对性激素的周期性反应，丘脑下部分泌促性腺激素的释放激素，促进脑垂体分泌促卵泡成熟激素和黄体生成激素。在这两种激素的协同作用下，使卵巢分泌雌激素和孕激素，并作用于子宫内膜，使子宫内膜发生周期性的变化和脱落，这就产生了月经。只要其中任何一个环节"卡"住了，就会发生原发性闭经。

5. 青春期功能性子宫出血

青春期功能性子宫出血是由于下丘脑管理垂体促性腺激素合成与释放的中枢延迟成熟而引起的。

卵巢内有卵泡发育，能分泌雌激素，但不能成熟，血中雌激素水平随卵泡的生长和萎缩而上下波动，雌激素水平高时，子宫内膜可有增生改变；雌激素水平低时，子宫内膜便失去支持而坏死、剥脱与出血。青春期功能性子宫出血的临床表现主要为月经周期的紊乱和月经量的改变。例如，经期长短不一，出血量时多时少，少时滴滴答答，淋漓不尽，多时犹如血崩。长期如此，容易引起贫血。

由此看来，即使是未婚少女，也有罹患妇科疾病的可能。当未婚少女出现"含苞未放"、阴毛未见生长、外阴瘙痒、月经异常或来经时剧烈腹痛等异常情况时，应及时找妇科医生，千万别因害羞而讳疾忌医，以免贻误病情，影响健康。

的确，少女对一些妇科问题比较害羞，其实，你完全没必要扭捏恐惧和不好意思。其实，性别的差异在医生眼中毫无隐秘可言，医生在为病人检查生殖器官时，完全是用科学的眼光和专业的态度，根本不会想到别的问题上；实在害羞的话，也可以在母亲的陪同下去医院做检查。

女性怀孕的过程是怎样的

青春期成长事件

一到寒暑假，我们家菲菲就很无聊，我从来都不会逼她去学这学那，因此，她大部分的时间就消耗在了看电视上。

这天中午，菲菲又懒洋洋地躺在沙发上看电视，我正准备回房间睡午觉，被菲菲喊住了，她好像看到了什么奇怪的事。

我走过来一看，原来是一个不孕不育的广告。

"妈妈，你说，这年头不孕不育的广告怎么铺天盖地的呀？为什么那些阿姨和姐姐怀不了孩子呢？女性是怎样怀孕的呢？"

我一听，愣了，菲菲看电视居然还在意这些，看样子真是长大了。

"我怎么听洋洋说她妈妈告诉她，说她是从胳肢窝里出来的，我就不信。"

于是呢，我安心坐下来，解释给她听："女性怀孕是这样的一个过程……"

送给青春期女孩的话

伴随着身体的逐渐成熟，青春期的少女对人体的生殖情况也充满了好奇，的确，了解这些，也有助于女孩更好地保护自己。

那么，女性到底是怎么怀孕的呢？

卵子受精形成受精卵，并在子宫腔内种植、生长、发育而形成胎儿，这个过程叫作怀孕。通常分为三期，每期约三个月。虽然这种分期没有严格的规则，但是解释某些变化时很有用。

1. 怀孕初期

胚胎在此时会急剧地改变发展。大约一半的女性会在这时（也只在这时）出现害喜症状。

（1）受精。在妊娠开始前，卵子要先遇到精子产生受精作用。大部分的受精是在男性在女性体内射精后产生的。现在的技术也可以做到在体外做人工授精。

（2）着床。医学上，着床是胚胎发育早期阶段的一个重要环节。有时因为并发症，胚胎会在输卵管或子宫颈着床，造成子宫外孕。着床通常没有迹象或症状，虽然也有不少着床时轻微出血的例子。胚胎的外层会长成胎盘，可以从子宫壁接收营养。脐带连接新生儿与胎盘。

虽然医学上妊娠是从着床开始的，一般计算预产期用的是"内格勒方式"（Naegele's Rule）：最后一次月经（LMP）加40周（280日）。胎儿出生早于37周视为早产，晚于43周视为过期产。但是妊娠时间长短因许多因素而变。比如说第一胎通常会怀孕比较久。

受孕的准确日期很重要，因为很多产前检查都是根据这个日期决定是否要引产。由于女性月经周期长短不同，排卵日也未必在第14日，所以预产期只能粗估。大约3.6%的妇女在根据月经估计的预产期生产，4.7%的妇女在根据超音波诊断估计的预产期生产。

2. 怀孕中期

多数妇女觉得这时比较有活力,而且开始大幅增加体重。这时胎儿开始长成可辨认的形状,也是第一次可以感觉到胎儿的运动。

3. 怀孕晚期

体重增加的最后阶段。胎儿定期活动,这可能不太舒服,并且导致腰酸背痛、膀胱无力等症状。

另外,女性在怀孕的时候,是有一些征兆的:

(1)月经停止。如月经一直很规律,一旦到期不来,超过10天以上应该考虑到怀孕的可能性。这是怀孕的最早信号,过期时间越长,妊娠的可能性就越大。

(2)早孕反应。停经以后孕妇会逐渐感到一些异常现象,叫作早孕反应。最早出现的反应是怕冷,以后逐渐感到疲乏、嗜睡、头晕、食欲缺乏、挑食、怕闻油腻味、早起恶心,甚至呕吐,有时还有头晕、疲乏无力、倦怠等症状。

(3)尿频。由于怀孕后子宫逐渐增大,压迫膀胱,所以小便次数增多,但并没有尿路感染时出现的尿急和尿痛症状。

(4)乳房变化。可出现乳房发育,乳头增大,乳头、乳晕颜色加深,乳头周围出现小结节,甚至乳房刺痛、胀痛的现象,偶尔还可挤出少量乳汁。

(5)色素沉着。有的妇女怀孕后会出现面部及腹中线有棕褐色色素沉着。

(6)基础体温升高。当出现上述某些症状时,可每天测定基础体温,怀孕者基础体温往往会升高。

凡在生育年龄的女性,发生性关系而又未采取避孕措施,都有怀孕的可能。婚后保持正常性生活的妇女,如果没有采取避孕措施,约有85%的人在第一年内就会怀孕,尽早知道自己怀孕有很多好处。

亲爱的菲菲,妈妈告诉你这些以后,你应该知道生命是怎么孕育出来的了吧?当有一天,你为人母的时候,你的体会会更深刻!

宝宝是怎么来的

青春期成长事件

冬天来了,菲菲总是感冒,我经常说她"要风度不要温度",可是这青春期的女孩就是爱美,今天给她请了一天假,带她去医院打针,打完针正要离开医院,经过妇产科的时候,居然听到一阵孩子的哭声,我想,肯定是产妇生了。

大冬天的,我心里一阵暖流,菲菲也激动得哭了。我们不禁想看看抱出来的孩子长什么样子。

一会儿,孩子就出来了,小脸红扑扑的。菲菲对我说:"我终于知道'世界上最伟大的是母亲'这句话的含义了。"

"生命有时候真的是很奇特,你看刚才宝宝还在妈妈肚子里,现在就来到了世界上,从此,他就是一个独立的生命个体了。妈妈十月怀胎,是一个很艰辛的过程,到了生产的时候,还要经历那么大的痛苦,可是,没有哪个母亲会抱怨,因为她们都是幸福的。"说完这些,我看菲菲已经泪流满面了。

过了一会儿,菲菲擦干眼泪,问题就来了:"妈妈,那宝宝是怎么诞生的呀?"

看着菲菲一脸好奇的样子,我不得不给她讲清楚这个问题。

送给青春期女孩的话

"宝宝是怎么诞生的"这个问题,可能所有的青春期女孩都很敏感,一般情况下,也是避而不谈,可是心中却充满好奇。其实,婴儿的出生过程并不神秘。

小孩的产生过程是:由父亲的精子与母亲的卵子在子宫里结合,然后经过十个月的分化与发育,便成了婴儿,由母亲的阴道分娩出来。这其中一个最重要的过程就是受精过程。

所谓的受精是男女成熟精子和卵子的结合过程。当精液射入阴道内,精子离开精液经宫颈管进入宫腔与子宫内膜接触,解除精子顶体酶上的"去获能因子",此时精子获能,继续前进进入输卵管,与在输卵管等候的卵子相遇,精子争前恐后,利用自己酶的作用,穿过卵子的外围屏障,当其中一个强壮精子的头部与卵子表面接触之时,其他精子不再能进入,此时为受精过程的开始,当卵子的卵原核和精子的精原核融合在一起形成受精卵时,则标志着受精过程的完成。

而分娩是孩子出生的过程,被认为是一个人人生的开始。

女性从开始感觉到子宫规律的阵痛收缩,以及子宫颈扩张起开始分娩。虽然大部分人都觉得分娩很痛苦,但大部分女性都能正常生产。不过有时因为并发症而要进行剖腹生产,有时也进行会阴切开术。

分娩全过程即总产程,是指从开始出现规律宫缩直到胎儿胎盘娩出。临床分为3个产程。

第一产程又称宫颈扩张期:从开始出现间歇5~6分钟的规律宫缩到宫口开全,初产妇的宫颈较紧,宫口扩张较慢,需11~12小时;经产妇的宫颈较松,宫口扩张较快,需6~8小时。

第二产程又称胎儿娩出期:从宫口开全到胎儿娩出,初产妇需1~2小时;经产妇通常数分钟即可完成,但也有长达1小时者。

第三产程又称胎盘娩出期:从胎儿娩出到胎盘娩出,需5~15分钟,不应超过30分钟。

从男女交配受精产生婴儿到婴儿分娩，从母亲腹中诞生的过程虽然不好说出口，但女孩也不必羞怯，对性的了解和认知应该是大大方方的，这样，就能消除对性的神秘感的好奇，也就更能明白如何在与异性交往中保护自己了。

作为一个女性，了解得越多，就越懂得怎么让自己不受伤害，越懂得怎么珍惜生命。亲爱的菲菲，妈妈十月怀胎，然后生下你，看着日渐长大的你，妈妈很欣慰，也希望你能健健康康地成长，在未来的人生路上，记住，有妈妈的陪伴，有妈妈的帮助，不管遇到什么，你都不要害怕！

第七章 学习性教育知识，但绝不可偷尝禁果

第八章 Chapter 8

沟通无碍，做受人欢迎的阳光女孩

女孩到了青春期，应当开始学习一些为人处世、与人交际的技能。无论任何人，没有朋友都是孤独的；不懂得怎么立足更是无法生存。因此，每一个青春期女孩都要学习一些沟通方面的方法和技巧，从而让自己拥有更多的朋友，也为未来进入社会打下良好的基础。

为什么女同学只跟女同学走得近

青春期成长事件

刚步入初中一年级的时候，菲菲、阿芳和莉莉幸运地被分到了同一个班，报到那一天，她们就和一群女孩交上了朋友。

开学的第一天，班主任给大家调座位，菲菲很想和阿芳或者莉莉一起，但她俩已经被老师安排在了一起，于是，菲菲降低要求，只希望有一个性格好一点的同桌。谁知，老师竟然安排了一个性格内向的男孩和自己做同桌，老师的理由是，菲菲可以带动这个男孩和周围的人交流。"哎，原来老师对每个人都有备案的呀！"菲菲长叹一口气，可是，随着时间的推移，菲菲觉得自己和这个男同学越来越相处不下去了，有些话根本不可能和一个男生说，比如每月那几天身体不舒服，那男孩总会问菲菲怎么了，菲菲当然不好说。菲菲觉得和男孩子做同桌很不方便，可是，她又不知道怎么和老师说。

那些天看菲菲总是闷闷不乐，我就主动找菲菲谈话，了解了情况后，我给菲菲出了个主意："妈妈明白你的想法，青春期来了，身体发育了，心理也成熟了，和男生相处也不像以前那样无所顾忌了，是不是有点不自在？要是这样的话，我觉得你可以给老师发个邮件,或者给老师写封信,毕竟当面不太好意思说。"

"嗯,是啊,老师肯定也明白,我就给老师发封邮件,听您的。"

送给青春期女孩的话

事实上,处于青春期的男孩女孩,随着身体的发育,都会和同性的关系变得亲密起来。青春期的女孩更为明显。

女孩一旦到了青春期,身体开始发育,对性别也开始有了与以前完全不同的认识,开始明白男女有别;而同时,女孩会发现,和那些同性朋友在身体上会有同样的苦恼,生活中会有同样的烦恼,所以才有更多的共同语言。有句话说得好:"物以类聚,人以群分。"一般人都爱选择那些与自己志趣、爱好、脾气、个性、理想相同或相近的同伴为友,彼此的相似性不但可以给自己心灵以安慰,还能让自己有一种安全感和归属感,也是各种交往和活动中加强、加固相互间友谊的纽带。

但青春期的女孩要明白,和同性之间的友谊的确值得珍惜,而与男同学之间的交往也同样重要。

1. 有利于实现个性的完善

青春期一般是异性封闭期,而男女个性差异比较大,通过相互间的交往和交流,能使他们在个性发展上更丰富、更全面。每个青春期的女孩最终会成为一个成熟女性步入社会,成为社会中的一分子,交往的范围也将更广泛。和周围的人联系越多样化、越深刻,自己的精神世界就越丰富,个人发展也越全面。

2. 有利于异性之间的情感交流

从情感差异方面看，女生情感较丰富、敏感、细腻、内敛，富有爱心和同情心，而男生则比较外露、粗犷、豪放。女生比男生的情感更为稳固、持久。青春期女孩和男孩的相互接触，有利于情感的健全。

3. 有利于丰富思维类型

性别不同，思维习惯和类型也不同。如在思维方面，女性擅长右脑思维，即更多地偏向于形象思维，凭直觉观察事物，更善于靠人际关系来办事；而男性擅长左脑思维，即逻辑思维，常用抽象、逻辑推演去处理事情。女孩常和异性交往，有利于思维类型的丰富，当然，交往的时候也要适度。

总之，在和朋友交往的时候，要择益友，不要过多地在乎对方的性别，对那种与自己不同的、个性气质和能力可以互补的人，也应多进行交往。这样更有利于自己在知识上、处事能力上、个性成熟上较快而全面地成长和发展。

亲爱的菲菲，妈妈能明白老师把你和男生安排在一起时你的心情，可能你会有一些不安。但无论如何，你还是要懂得与异性交往对自己的成长有很大的帮助，因为与自己差异较大的异性，往往会给自己更多的启发，开阔自己的视野，使自己从别人那里学到和看到另一种思想境界和性格特征，从中也学会同各种类型的人打交道、处世的本领，增强自己宽容和理解别人的能力，为今后真正走上社会，开拓事业打下良好的基础。

如何让自己更受同学欢迎

青春期成长事件

一个周五的最后一节课，语文老师给大家布置了一篇"我最烦恼的事"的话题作文，第二周的作文课上，老师点评了一篇作文，是来自班上一个学习成绩较好的女生的，其中有这么一段：

"我是一个女生，性格还是比较外向的，长相虽然算不上出众，但是自我感觉还可以。学习也不错，在班里排前十名，可就是人缘不好。可能是我比较好强，看到别的女生周围围着一堆男女生在说话，我就有点不自在。女生还好点，尤其是男生，好像都很反感我，看到他们和别的女生闹我也想去玩，可是不知道该怎样加入他们。听我一个好朋友说，她的同桌跟她说比较反感我，也没有说原因，还说不许我那个好朋友告诉我。我知道后很无奈，也许是因为我不喜欢说话的缘故吧，我真的不知道该怎样和同学们交谈，怎样才能让大家喜欢和我说话呢？"

老师念完以后，班上已经哗然一片了，虽然老师没说出这个女孩的名字，但同学们已经猜到了，老师补充道："我把这篇作文读出来，并不是由于这篇作文写得差的关系，也不是对这个女同学有任何的意见，只是希望所有同学，都可以相亲相爱，毕竟我们是一个集体，我不希望有任何同学感到这个集体很冷漠。"

但这次作文课上完后，那个女孩好像得罪了更多人，和她说话的人更少了。

菲菲把这件事告诉了我，她问了一个很复杂的问题："妈，您说我们在学校怎么样才能受人欢迎呢？"事实上，菲菲已经做得很好了，周围的老师和同学都很喜欢她，但既然菲菲问我，我就详细地教菲菲一些为人处世的门道。

送给青春期女孩的话

不受同学欢迎、人缘差，这的确是困扰青春期女孩的一个问题，每个女孩都希望自己受到大家的欢迎，能融入同学中去。如果别的同学不喜欢和你说话，就要从自身找原因了，这样才能有针对性地改变自己。女孩可以先和好朋友聊聊天，找找原因，再回想一下自己在哪方面做得不够，还可以让她们帮忙问问班里的其他同学为什么不喜欢你。还可以拿张纸出来，写出你认为班上受欢迎的女孩交际好的原因，比方说话方式、说话内容等为什么受欢迎，再与自己作对比，就能找出原因了。

其实，与人交往并不是难事，只要拥有良好的交往品质。良好的交往品质包括以下几个内容：

1. 自信

自信是人际交往中重要的一个品质，无数事实证明，自信的人更容易赢得他人的欢迎。自信的人总是不卑不亢、落落大方、谈吐从容，这绝非孤芳自赏、盲目清高，而是对自己的不足有所认识，并善于听从别人的劝告与帮助，勇于改正自己的错误。培养自信要善于"解剖自己",发扬优点,改正缺点,在社会实践中磨炼、摔打自己,使自己尽快成熟起来。

2. 真诚

"浇树浇根,交友交心。"想要交到真正的朋友,就要学会真诚待人,真诚的心能使双方心心相印,彼此肝胆相照,真诚的人能使彼此的友谊地久天长。

3. 信任

在人际交往中,信任就是要相信他人的真诚,从积极的角度去理解他人的动机和言行,而不是胡乱猜疑,在心里设防护墙,因为信任是相互的,尝试信任别人,你也会获得信任。美国哲学家和诗人爱默生说过:"你信任人,人才会对你重视。以伟大的风度待人,人才会表现出伟大的风度。"

4. 自制

与人相处,经常会因意见不同、误会等原因发生摩擦或冲突,而面对摩擦,学会克制自己的情绪,就能有效地避免争论,达到"化干戈为玉帛"的效果。青春期女孩,要学会克制自己,学会以大局为重,即使是在自己的自尊与利益受到损害时也应如此。但克制并不是无条件的,应有理、有利、有节,如果是为一时苟安,忍气吞声地任凭他人的无端攻击、指责,则是怯懦的表现,而不是正确的交往态度。

5. 热情

在人际交往中,热情的人总是不缺朋友的,因为别人能始终感受到你的温暖。热情能促进人的相互理解,能融化冷漠的心灵。因此,待人热情是促进人际交往的重要心理品质。

人际交往是一门学问,青春期是培养交往能力的重要时期,这是积累人生阅历和社会实践能力的有效途径之一。拥有良好的交往品质是交往的前提,青春期女孩应该把心打开,让自己融入集体,让自己人生的重要时期多姿多彩!

亲爱的菲菲,妈妈知道你在与人交往这方面做得一直不错,但妈妈希望你能做得更好!

交友有原则，才能交到良师益友

青春期成长事件

最近，莉莉和菲菲的关系有点疏远，放学不来我家"蹭饭"，也不和菲菲说自己的小秘密了。原来，莉莉交了新的朋友。据莉莉自己说，她认识的这帮哥们儿人都很好，经常请自己吃饭，还带自己去玩。我心里便有点担忧了，怕莉莉结交不良朋友。

果然，不到半个月，莉莉就跑来对菲菲说："原来他们并不是什么好人，那天，他们说要带我去台球厅玩，我亲眼看见他们勒索别人的钱财，我现在怎么办，他们肯定还会再来找我的。"

我对莉莉说："别担心，以后回家就和菲菲、阿芳一起走，人多，他们不敢怎么样。另外，莉莉，阿姨要告诉你，你这种交朋友的原则是不对的，这些社会不良青年就是要对你们这些单纯的少女下手，他们往往用的是同一种伎俩。朋友贵在交心，你明白吗？真正的朋友是能帮助你成长成才的人。"

莉莉和菲菲听完后，似乎并没有完全明白我的话，于是，针对择友标准这一问题，我给孩子们好好上了一课。

 **送给青春期女孩的话**

青春期是女孩的人格发展期和形成期，这时候，结交什么朋友，与什么样的人交往，会对女孩的一生形成非常大的影响，不但影响着女孩的言行、穿着打扮、处世方式、兴趣爱好，还影响着女孩自身的价值观和对自我的认识。

交友是应该有选择的，而且要从善而交。所谓"与善人居，如入芝兰之室，久而不闻其香"，长期与一个人在一起，自然会受到潜移默化的影响。那么，青春期的女孩们，应该选择什么样的人做朋友呢？

这个问题不能笼统而论。因为每个人的需要是不一样的，所以择友方面也有不同的标准。不过，择友是有一些规则可循的。古人云："择友如择师。"现实生活中，一般人都喜欢找各方面或某一两个方面比自己强的人做朋友。以强者、优秀者为自己平时行为举止的榜样，这一点，在青少年中尤为明显。比如，有的女孩指责同伴"喜欢当官的，就爱跟班干部在一起"。其实这个女孩的交友之道无可厚非，这是出于一种使自己迅速强大起来、建立理想、实现自我的愿望。在同龄人中，那些见多识广、有能力的人更容易引起周围人的注视，更容易交到朋友。当然，每个人都有长处，看到别人的长处，应该学；见到别人的短处，应该戒。对于女孩来说，不可盲目自满和自卑，只要自己肯学习，肯修正自身的不足，将来一定会有所作为。

总的来说，青春期的女孩在交友方面应该做到以下三个方面：

1. 拓宽自己的交友面

青春期的女孩要学会广交朋友来完善自己，扩大自己的交友圈子，接纳不同类型的朋友，多层次、全方位的朋友圈子无疑对自己的发展是有益的。当然，我们应该把那种见利忘义、损人利己的"小人"排除在外。另外，女孩要有开阔的胸怀，对于朋友的过错，要尽量包容，毕竟"人非圣贤，孰能无过"。同时，如果有一两个敢于直陈己过、当面批评自己过失的诤友，那你应该庆幸，这才是真正的朋友。

2. 善于观察，交益友

古语云："近朱者赤，近墨者黑。"是否能交到益友，关系到自己的一生。所以，择友时一定要谨慎。我们在还未了解对方基本品质之前，仅凭一时的谈得来和相互欣赏就贸然地把自己的信任与情感全盘托出，是容易让自己受伤害的。尤其是女孩子，更要注意，交友要广，但不能滥交，要恪守"日久见人心"的古训，通过与对方多次交往，观察对方的言谈与举止，就可以洞悉对方的个性、爱好、品质等，觉察他的情绪变化，从而判断他是否值得深交。

3. 与不良朋友划清界限

孔子曰："损者三友，益者三友。"青春期的女孩交上好的朋友，有利于自己学习进步和个人身心全面发展，一生受益无穷。但青春期是个缺乏社会经验和分辨是非能力的年龄段，在交友上一定要慎重，要与有道德、有思想、有抱负的人做朋友，要与遵纪守法、正直善良的人做朋友，要与学习认真、兴趣广泛的人做朋友，而对于那些不良人士，一定要划清界限，有些女孩受周围不良朋友的影响，拜金主义、享乐主义思想不断滋长，追求奢侈的生活作风，放纵自己，不仅荒废学业，而且有可能走上违法犯罪的道路。

亲爱的菲菲和莉莉，我告诉你们这些，是希望你们在日后的生活中，在与人交往的过程中，多交益友，懂得学习朋友身上的长处，避其短处，这样，你们在性格、能力等很多方面都会进一步完善！

积极乐观，多参加积极有意义的聚会

青春期成长事件

这几天菲菲一直很苦恼，好像有什么心事，一回家就数抽屉里那点零花钱，我在想，这丫头是不是要买什么东西，又不好意思跟我们开口。于是，我就问菲菲："菲菲，该买的东西妈妈都会给你买的。"

"不是这事，妈妈，最近我们班要举行活动，每人要交三十元活动费。"

"什么活动？"

"其实，也不是什么重要的活动，我都不想去，是班长组织的，说我们马上要升初中三年级了，想办个聚会，可以多交流一下学习心得。"

"这是好事，应该去啊。"

"妈妈，你也知道，我只和莉莉、阿芳玩得比较好，所谓的聚会，我猜估计就是在一起吃吃喝喝，哪里真是交流什么心得呀？而且，现在学习这么紧，这不是浪费时间、金钱以及精力吗？但大家都已经交钱了，我一个人不去，又怕别人说我。"

"你考虑的的确挺多，但是你想，既然学习这么紧张，你可以把这次聚会当成放松的机会呀！妈妈觉得你们班的这次聚会还是有意义的，大家平时各行其是，不相往来，何不趁这次机会，重新认识一下彼此，你说呢？"

"妈妈说得对，说不定，我还能交到新朋友呢。"菲菲紧皱的眉头一下子舒展开了。

送给青春期女孩的话

很多青春期的女孩忙于功课，每天的生活紧张又千篇一律，慢慢地，和同学疏远了，和朋友疏远了，生活也更加枯燥无味了，而一些有意义的聚会，青春期女孩是可以多参加的。它的好处是多方面的。

参加此类聚会最大的好处就是能锻炼一个人的交际能力。青春期是每个女孩跨入社会的前奏，社会是人生的大课堂，作为即将成为社会人的青春期女孩，多参加有意义的聚会，能让你们学会与人交际应酬，锻炼自己的语言表达能力和为人处世的能力，也能结交不同的朋友，这对于青春期女孩的智力、人格、性格等方面的发展都有积极的影响。

另外，参加一些有意义的聚会，比如同学聚会等，还能联络和同学之间的感情，拉近和同学之间的距离，让自己更受同学的欢迎。女孩一旦到了青春期，就会自动地疏远异性，一般情况下，只生活在自己的小圈子内。实际上，异性之间的适度交往，对于青春期的女孩是很有必要的。

再者，参加聚会也是适当调节学习压力和吐露心事的一个重要途径，毕竟同龄人之间有着太多的相似点，每天面对同样紧张枯燥的学习生活，更容易引起共鸣，相互之间的交流能减轻生活和学习的压力，彼此之间的鼓励也会让女孩鼓起勇气和信心，继续努力学习！

因此，女孩多参加聚会是有益处的，当然，前提是参加有意义的聚会，通常情况下，哪些聚会是没有意义甚至是有害的呢？

1. 网友之间的聚会

随着网络的盛行，很多青春期女孩喜欢把自己的业余时间泡在网上，也就容易认识一些网络朋友，很多青春期女孩更是单纯地认为网络中有真正的友谊和恋情，甚至与网友一起聚会。其实，这是很危险的，青春期女孩，对待网络朋友一定要慎重，更不可单独与网络朋友聚会。

2. 以奢侈消费为前提的聚会

现代校园中，攀比之风盛行，一些女孩三天两头聚在一起，谈论一些不适宜未成年人的话题，实际上，这些聚会也是无意义甚至是有害身心健康的。其次，以这种方式交往的朋友充其量只算酒肉朋友，而不是真正的益友。

3. 与社会不良人士之间的聚会

事实上，我们发现，社会上有一些黑社会帮派，总是喜欢把魔爪伸进学校，因为学生相对单纯，更容易为其所用，而他们惯用的伎俩就是用物质诱惑学生，还打着所谓的交朋友的旗号。青春期的女孩，一定不要参加这样的活动，一旦交友不慎，后果不堪设想。

亲爱的菲菲，妈妈告诉你这些，是希望你能多参加一些有益于身心发展的聚会，避开那些无意义的活动，让自己远离危险禁区！

与老师多沟通，收获多多

青春期成长事件

最近，张老师发现不少男女学生之间热衷于交朋友。过生日时互赠礼物，生日卡上写了许多缠缠绵绵的话；有的在上课时传小纸条，还互相以爱人相称，令人肉麻；更严重的是有些女孩还和社会上的人有往来。"小小年纪就搞这些名堂，这怎么得了？若放任不管，作为班主任，我对得起谁？"想到这儿，张老师下决心解决这一问题。

有段时间，张老师发现班上有个女生和校外的一个男生谈恋爱。有一天，张老师在收发室碰到了那个女生。

"你在外边交男朋友了吗？"与此同时，她用严肃的目光审视着眼前这位女同学。

"没有。"女同学不安地回答。

"没有？若是我拿出证据来呢？"张老师说着拿出拆过的信，在女同学面前晃了几下。

"私折别人的信件是犯法的！"女同学被激怒了。

"犯法？教育学生犯法？告诉你，这信我还不交给你了，我交给你的家长，看他们说谁犯法……"

女学生在这种情况下,两眼喷火,恨不能上前咬这位特别"负责任"的老师一口。

张老师为这事确实操碎了心。可是,学生却不理解她。

这些都是菲菲回家后告诉我的,我叹了一口气,都说可怜天下父母心,老师不也为学生操碎了心吗?

送给青春期女孩的话

可能很多女孩会和菲菲那个同学一样,由于老师对自己管得过于严格而对老师产生厌恶感。其实,不管老师做什么,他的出发点都是为了你,希望你能成才,老师是你的第二个家长,对于老师,你要理解。当你对老师有了不良情绪的时候,多从自己身上找找原因。老师是恩人,不管你承认不承认,也不管他喜欢不喜欢你,他在课堂上教给你的知识不会比别人少。

另外,青春期的女孩恐怕都有这样的体会:与哪个老师关系比较融洽,喜欢上哪门课,哪科成绩就好;如果与哪个老师关系不和谐也会影响哪门课的学习,这大概也是爱屋及乌吧。学生的大部分时间都在学校里,就免不了和老师的交往,那么,青春期女孩该怎样和老师搞好关系呢?

1. 尊敬老师,尊重老师的劳动

有人说,教师是太阳底下最光辉的职业,这句话一点儿也不假,老师从踏上岗位的那一刻起,就无私地奉献着自己的青春。老师对学生严厉,也是希望学生好,要问老师希望得到什么回报的话,就是希望看到学生成才、成熟,希望看到学生从自己那里学到最多的知识。

因此,青春期女孩,不管老师怎样严格要求你,你都要理解老师、尊敬老

师，见到老师礼貌地打声招呼。另外，用实际行动尊重老师的劳动：上课认真听讲，不破坏纪律，把老师留的作业保质保量地完成。尊敬老师，尊重老师的劳动，是师生和谐相处的基本前提。

2. 勤学好问，虚心求教

可能你会认为，"那个老师并不怎么样""他的水平太低了"，等到你长大以后，你会知道这种看法和想法是多么天真。因为不管老师水平到底怎样，老师之所以能成为老师，就一定够格教你知识，老师在他的年龄、学问、阅历上的水平肯定是高于你的。

所以，要虚心向老师求教。好问不仅直接使学习受益，还会加深和老师的交流，这就无形中就缩短了与老师的距离，每个老师都喜欢肯动脑筋的学生。其实，向老师请教问题往往是师生间交往的第一步。除班主任外，任课老师并没有多少时间和学生直接交往，常向老师请教学习上的问题会加深师生间的感情。

3. 犯了错误要勇于承认，及时改正

人无完人，青春期的女孩都会犯错，作为老师，都能理解并都愿意指正你的失误。而有的女孩受到批评，明知自己错了，即使心里服气嘴上也死不认错，与老师搞得很僵。也有一些女孩，"一朝被蛇咬，十年怕井绳"，受过老师一次批评心里就特别怕那个老师，认为是老师对自己有成见。这都是没必要的。错了就是错了，主动向老师承认错误，改正就是好学生。老师不会因为谁有一次没有完成作业，有一次违反了纪律就认为他是坏学生，就对他有成见。相信老师是会全面、客观地评价学生的。

4. 正确对待老师的过失，委婉地向老师提意见

在有些学生心里，老师就是完人，老师不应该犯错，实际上这种想法是不正确的，老师也是人，也会犯错，也会有失误。其实，根本不可能存在没有缺点的人。老师不是完美的，如果他有的观点不正确，或误解了某个同学，甚至有的老师"架子"比较大，或是太严厉，这都是可能的。心理学的研究发现，人们会对没有缺点的人敬而远之。

如果你发现老师的不足要持理解态度，向老师提意见语气要委婉，时机要适当。相信，老师会感激你的指正。如果老师冤枉了你，不要当面和老师顶撞，这样不但无助于问题的解决，还会恶化师生的关系。暂且忍一忍，等大家都心平气和了再说。不管怎么说，老师是长者，做学生的应该把他们置于长者的位置，照顾老师的自尊心和面子。

亲爱的菲菲，妈妈希望你能像对待父母一样对待你的老师，要把老师当成你的第二个家长，要尊敬、爱戴你的老师，和老师搞好关系，因为与老师关系融洽既可以促进学习，又可以学到很多做人的道理，会使你一生受益无穷。妈妈相信你能做到这一点！

换位思考,别再反感父母的唠叨

青春期成长事件

有一天,我在帮菲菲打扫房间的时候,发现了她初一时候的一篇作文,题目为《我唠叨的妈妈》,内容是这样的:

"以前妈妈在我眼里好烦。我不是挑她的毛病,就是责怪她的唠叨,可妈妈却从不骂我。记得在小学五年级期末考试的前一个星期,妈妈耐心地帮我复习。可我厌倦了妈妈的多管闲事,竟然在不知不觉中睡着了。过了不久,我从睡梦中醒来,刚想责怪妈妈为什么不叫醒我,却看到妈妈满脸汗水,在吃力地给我扇扇子,我刚到嘴边的话又咽了下去。不久我在这次期末考试中得了一等奖。当我捧着奖状回到家时,我看到妈妈布满皱纹的脸上露出了笑容。

从此,妈妈更加重视我的学习,但我却自以为是,不要妈妈帮我复习,还说自己能考好,不需要她操心。结果后来我的成绩一落千丈,从高峰掉了下来,只考到了第12名。妈妈得知后更加着急了。

她经常在晚上教育我,还说一定得听她的,我不听也得听。她给我灌输了很多学习、做人方面的知识。比如告诉我不要偷窃,上课积极回答问题……给我精神上带来了很大的压力,这下子,我感觉妈妈更烦了。

妈妈天天晚上像个老师一样,不是叮嘱我晚上不要踢被子,就是叫我在学习上多努力,或是警惕有没有结交不良的朋友……

但现在我长大了,懂事了。时时会想起妈妈以前对我说过的话,我知道妈妈的唠叨是一种爱,这种爱使我改正了以前的缺点,得到了同学们的赞赏和老师的表扬,为我的前途打开了一条理想的道路……我为有这样一个妈妈而感到自豪。妈妈,我爱你!"

看完这些,我真的很欣慰,菲菲懂事了,能正确看待我平常生活中的那些唠叨了。

送给青春期女孩的话

每个青春期的女孩都有叛逆的心理,都会觉得父母很唠叨,总是在自己耳边说个没完没了的,一会儿对自己的穿着指指点点,一会儿不让自己看电视,一会儿让自己不要和什么人交朋友,甚至细化到吃什么对身体好都要唠叨个不停。虽然父母是在关心她们,但在孩子看来,有的时候真觉得很烦,或许有的女孩对父母的唠叨不理睬,也有的女孩会顶撞父母甚至跟父母争吵,她们总是打着"需要理解"的旗号为自己争取更多的自由的空间,希望父母可以少说一点,给自己片刻的安静。

但作为女儿的你是否想过,虽然父母的唠叨是烦了点,可是他们都是出于对你的关心,希望你在学习和生活中多做正确的决定,少走弯路,希望你可以健康成长。毕竟他们是你的父母,对于他们的唠叨,作为子女的你应该理解,而不是反感,为了不听父母的唠叨,和父母争吵、顶撞父母更是不成熟的做法。一个成熟的人,至少要懂得尊重和理解周围的人。

因此,面对父母的唠叨,如果他们的话是正确的,你就应该听取,毕竟父母是过来人,很多事情比你有经验,看问题的眼光也比你长远。而如果他们的唠叨是不正确的或者是片面的,你可以采取一个正确、适当的方式和父母进行沟通。总之,要学会理解父母的唠叨。

网络时代,结交网络朋友要谨慎

青春期成长事件

菲菲班上有个女孩叫李倩,平时很少说话,但却有很多朋友,而这些朋友都是一些网络朋友,除了"哥哥""姐姐"外,还有"男朋友"。和男生不一样,她上网不是玩游戏而是聊天,从网上认识各种各样的人。别看她仅仅是个初二的学生,却是个地地道道的"网虫"。有空时,她都在网吧上网。

老师知道情况后,主动找到李倩谈心,对她说:"家里没有电脑吗?你为什么要去网吧上网呢?"面对老师的发问,她不屑地说:"现在家里虽然都有电脑,但是爸妈管得紧,根本不让我和陌生人说话,有时候还会翻看我的聊天记录,一点儿自由也没有。"

当问到她通常在何时上网时,李倩说:"我一般把中午饭的钱省下来,周末的时候会去网吧待一天,这样就可以见到我的那些朋友了!"

有段时间,李倩特别开心,据她说,她马上就可以见到她的那些朋友了。这事被老师知道后,很快就联系了李倩的家长。果然,经过调查,李倩这些所谓的朋友都在娱乐场所从事不正当职业。李倩的父母当时吓出一身冷汗,女儿差点就被骗了。

后来,李倩痛苦地说:"我原来的学习成绩是班里的前三名,自从迷上了网络交友后,变成了班里的倒数第三名,其中数学仅考了27分,另外还有4门功课不及格。网络真是害死人!"当然,她也知道沉迷网络不好,影响学习和前途,可就是管不住自己,这次还差点犯下大错。老师听完她的讲述后,给她分析了网络的利弊,希望她以后多加注意,对待网络交友一定要慎重。

菲菲回来跟我说了这件事,我甚感担忧,社会上威胁孩子成长的因素太多了,尤其是网络,希望所有的青春期女孩都能学会保护自己。

送给青春期女孩的话

现代社会,网络可以让两个不认识的陌生人畅所欲言地交谈。网络具有虚拟性和隐匿性的特点,但也有一些弊端,比如网上"交友""聊天"以及"网恋"越来越严重,很多社会不良人士将魔手伸向了青春期的女孩。因为青春期女孩缺乏自我控制和自我保护能力。很多青春期女孩更是单纯地认为网络中有纯真的友谊和恋情。其实不尽然,当你对网络另外一头的那个朋友已经开始信任时,或许你正处于危险之中。近年来,不法之徒利用网络对少女实施犯罪的案例不断出现,而少女因为迷恋网络走向犯罪甚至丧命的悲剧也频频发生。

1. 青春期女孩对待网络交友一定要慎重

你可以问问自己是否知道对方的以下几条信息:

(1)谈吐是否显示其有素质?

谈话可以看出一个人的修养。那些说话流里流气、毫无口德或者满嘴脏话的人要远离。

（2）资料是否全面？

如果对方对自己的真实信息遮遮掩掩的话，你要小心了，因为一个坦荡交友的人是不怕把自己真实的地址、年龄、职业写出来的。

（3）是否有共同语言？

这里的共同语言指的是人生观、价值观等方面是否相同，而不是一些负面的思想。

（4）交往持续多长时间了？

时间是可以验证情感质量的。

2. 要清醒地对待网络朋友

（1）保持警惕心。不要轻易告诉对方自己的真实住址、姓名、电话。除非交往时间很长，确认对方可以信任了。

（2）要将网络与现实区分开。

（3）尽量少跟已婚异性交往，对方是否已婚，一般可从谈吐中判断出来。

（4）尽量不要单独会见异性网友，尤其是在晚间，防止被骗。

（5）对方要求视频时，尽量回绝。

亲爱的菲菲，妈妈明白，青春期的你需要朋友，但交友渠道一定要正当，对待网络上的那些朋友，一定要慎重，要学会保护自己，不要上当受骗！

第九章
Chapter 9

关注健康，做健康青春美少女

　　青春期是人一生中最朝气蓬勃的时期，是女孩子身体发育、健康成长的重要阶段。这个时期的女孩要特别注意身体的变化，注重个人生理和心理的健康成长，这样，既可以让美丽驻足，还能更轻松、高效地学习；同时，也可以减轻大脑的负担！

青春期常见病有哪些

青春期成长事件

有一天，一个高中同学来看我，她在医院妇产科工作，由于工作忙，虽然生活在同一个城市，却一直没有机会聚一聚。我们聊的尽是些家长里短，或许这是我们这个年龄段的人的共同点吧。

她说："现在的女孩子也不知道怎么回事，年纪轻轻的就得一些妇科病。我们小的时候，可没见过这些病，现在的女孩子真是娇贵了呀。"

"是啊，青春期是美好的，也是危险的，青春期是各种疾病的突发期，尤其是一些女孩子，不注意身体的话，很容易引发一些疾病。"

"你呀，也要注意你们家菲菲的身体，有时间就经常带她到医院做下检查，平时也要注意一下她的生活和饮食习惯，要预防少女青春期的常见病，有一个好的体魄，才能更好地学习。"

我觉得她说得很有道理，以前是我疏忽了。

送给青春期女孩的话

青春期是女孩人生的开端,这个时期的疾病如果不加防治,会给女孩的一生造成生理和心理上的伤害。

青春期的少女疾病主要由生理和心理的因素造成。心理因素造成的疾病有厌食、月经不调、发育滞后;病理生理因素如染色体异常造成的疾病有真、假两性畸形;还有其他因素造成的各种妇科炎症,如外阴炎、阴道炎、盆腔炎;以及生殖系统肿瘤等。

1. 青春期少女一般常见的妇科疾病

(1)痛经。

青春期女孩子痛经,看似不是什么病,但也要引起注意,因为痛经有不同的原因。一般来说,15岁以下的少女很少发生痛经现象,因为原发性痛经很少发生于无排卵周期,许多少女在初潮后,具有6～18个无排卵周期。继发性痛经和其他异常可能是器质性损伤的信号。

这样,任何生殖器和下腹部疼痛的女性,均需接受妇科检查。

(2)月经不调。

月经不调的症状,是由很多原因造成的,当然,也要视具体情况而定。许多少女的月经周期和血量均不规律,在初潮后的前几年中,月经周期间隔可达两个月或三个月,这是正常的,无须多虑。但是,如果间隔时间太久,出现继发性闭经时,应就医或寻求帮助。

(3)下腹疼痛。

正常来说,少女由于生殖器引起的下腹痛是不常见的,在青春期,发生下腹部疼痛的最常见原因是月经间痛和非典型性痛经。然而,偶尔也会遇到器质性损伤,如卵巢肿瘤或卵巢肿瘤出现突然病变(扭转、出血和破裂)等。

(4)白带异常。

女孩的身体是脆弱的,比如,会阴部比较薄嫩,没有脂肪垫和阴毛,得不到保护,易致损伤和感染。

有些女孩发现自己白带有点异常：白带增多、颜色改变等，就担心自己是不是得了妇科病，于是不得不在母亲的带领下来医院看病。而实质上，白带的颜色和性状发生变化是较为普遍的，比如热水浴后白带颜色就会发黄。但女孩遇到白带异常时，还是应做相应的检查。

2. 预防妇科疾病的方法

（1）注意个人卫生，尤其是做好对阴部的清洁。女孩子要勤洗澡、勤换衣服，尤其是内裤，要做到一天换一次。另外，在清洗外阴时，尽量用温水清洗，下身不要泡在水中，以免脏水流进阴道。洗外阴的盆也要和洗脚盆分开。

（2）月经期女孩在选择卫生巾时，一定要选择质量可靠、适合自己的卫生巾，尽量不要使用大吸收量的卫生巾，来月经时要及时更换，不要让敏感的阴部受到细菌的侵袭。

（3）要适当地参加体育活动。运动可使大脑皮质的兴奋和抑制过程更加协调，使人精神愉快，从而缓解经期容易出现的情绪波动及烦躁。另外，适当的体育活动还可促进体内的新陈代谢，减轻经期盆腔充血和下腹部坠胀的感觉。

经期的女孩适合做些比较轻缓、运动量不大的体育运动。如广播操、乒乓球、羽毛球等活动，但运动时间不宜过长。还要避免剧烈运动，如耐力练习、快速奔跑、跳跃等。如有月经过多、痛经、月经失调等现象，经期就不要参加体育运动了。

（4）注意饮食。青春期的女孩，不要因为害怕变胖而刻意节食，这对身体是极为不利的。因为青春期身体代谢旺盛，需要补充更多的能量。同时，女孩要注意合理膳食，保证营养均衡。

（5）注意保暖。经期的女孩要懂得保护自己，尽量不要接触一些生冷的东西，要注意保暖。避免淋雨、游泳或冷水洗澡、洗头、洗脚；也不要坐凉地，更不要吃生冷的东西，尤其是夏天，天气热也不能图一时痛快，冲凉和吃冷饮都是禁忌。

（6）劳逸结合，睡眠充足，防止过劳。青春期女孩都有繁重的课业负担，但女孩一定要学会调节自己，尤其要保持充足的睡眠。还要多吃蔬菜水果，多饮开水，不吃辛辣生冷等刺激性食物，保持大便通畅。

（7）保持精神愉快，情绪乐观、稳定。学习之余，可以多听听音乐，或做一些自己喜欢做的事情。

亲爱的菲菲，要想有个健康的身体，就要养成良好的生活习惯，这样才能远离疾病，让自己健康、快乐地成长，从而精力充沛地学习！

身体发育期，要保证充足营养

青春期成长事件

菲菲这次英语测试又拿了第一名，我猜，她回来要的奖励肯定又是吃炸鸡腿，但那天我那个医生同学的话犹在耳边，我决定不能由着菲菲的性子了。晚上，我在厨房做饭时，菲菲回来了。

"妈妈，你做好饭了吗？"

"不做饭，晚上吃什么呀？"我故意这样回答。

"我昨天的英语测试得了第一名耶，我已经跟你说了呀。"

"你得了第一名，和晚上做饭有关系吗？"

"不是每次我考第一名我们就去吃炸鸡腿吗？"菲菲睁大了眼睛，好像很失望的样子。

"今天不去，以后都少去吃。"我说得很坚决。我看了一下菲菲，她似乎快要哭了。

"妈妈，你怎么能这样，我一直盼着去吃，结果你又说不去。"

"你就让孩子去吧，她那么努力，我们就奖励她一次嘛。"菲菲爸爸在旁边劝着。

"不行，你知道吗？那都是些垃圾食品，吃了对身体有害无利，你看她，现在身体那么差，动不动就感冒，以后绝不能由着菲菲的性子，吃东西一定要注意营养。"

幸好那天晚上我做了一桌子的菜，都是菲菲喜欢吃的。不过，菲菲还是闷闷不乐。晚上，我敲开了菲菲的门，对她讲了一些青春期女孩需要注意的饮食问题。

送给青春期女孩的话

青春的开始，标志着女孩豆蔻年华的到来，这是人体生理发育的一个转折点，此时人体各个器官迅速发育成长，逐步完善，因此，对营养素的要求也越来越高。为了女孩能够健康成长，注意合理饮食至关重要。应当注意食物品种的多样化，尤其应多吃一些含有优质蛋白质的食物。

1. 青春期女孩在经期应注意避免食用容易对身体造成损害的食物

这些食物主要有以下两大类：

（1）生冷类：很多女孩子喜欢吃零食，尤其是冰激凌等，这些食物是女孩子在月经期的禁忌。另外，还有一些寒性食物，如梨、香蕉、荸荠等。这类食物如果单就食物药性来说，具有清热解毒、滋阴降火的功效，在平时食用，是有益于人体的，但在月经期应尽量少吃或不吃，否则容易造成痛经、月经不调等病症。

（2）辛辣类：辛辣类的食物一般也受女孩子的偏爱，尤其是口味重的女孩，她们喜欢在平时的食物中放入很多的佐料，如肉桂、花椒、丁香、胡椒等。这些东西在平时可稍微多食用些，但在月经期，却不宜食用这些辛辣、刺激性的食品，否则容易导致痛经、经血过多等症状。

2. 不要忽视早餐的作用，要保证身体热量的正常供应

青春期，人体对热量的需求较大，对于女孩子来说，每天需要的热量为2 600～2 700卡，要比成年人多。这些热量主要来源于糖、脂肪和蛋白质。

而有些人不吃早饭或早饭不吃饱，热量的供应明显不足，这将会影响生长发育，所以早饭一定要吃好。

3. 营养要全面

青春期对于蛋白质、矿物质、水分的需求相当大，所以营养要全面。因为女孩青春期最显著的特点是性腺（卵巢）的发育、成熟和月经来潮。而性腺的发育需要优质蛋白的参与。因此，每天应摄入一定量的奶或奶制品；为了补充铁质防止贫血，还应多吃些铁元素丰富的瘦肉、蛋、鱼等，各种动物的血也是补血佳品，价钱又便宜，可以进食一些。

要保证食物类型的多样性，这是保证蛋白质供应充足的需要。女性对蛋白质的需要为 80～90 克/天。但不同食物中蛋白质的组成即氨基酸的种类不尽相同。还应多食用些含锌的食物，青少年缺锌可能导致个子矮小，补锌可帮助女孩长身体。一般来说，动物性食物比植物性食物含锌量高，如瘦肉、牛肉、黄鱼和其他海味食品，粗面粉、黄豆、苹果含锌也较多，都可以多食用。对于精米、富强粉宜少食用，更不应该为使身体苗条而限食动物性食物。

4. 在吃饭前后应注意休息

进食前后如果进行运动，胃肠道的血供应就会减少，从而导致胃肠功能下降，引起消化不良等胃肠问题，所以进食前后要注意休息，以保证胃肠的供血。

青春期的女孩子，在保证营养供应充足的情况下，要有良好的生活作息习惯，还要配合适当的运动。运动应以有氧运动为主，比如步行、骑自行车、跳绳、体操等，但不可运动量过大，尤其是经期，运动量过大会加大月经量，甚至导致月经不调等。

适量运动和合理营养结合可促进青春期少女生长发育、改善身体机能、提高耐久力、减少身体脂肪和改进心理状态等，这对于提高以后的生活质量和保证身体健康起着重要的作用。

亲爱的菲菲，妈妈和你说这么多，是希望你能认识到健康饮食的重要性，希望你能理解，青春期的身体素质如何，不仅关乎你的学习，也关乎你今后的生活。总之，妈妈希望你能健康成长！

高跟鞋是过早的美丽

青春期成长事件

号称"假小子"的莉莉最近迷上了看时尚杂志,尤其是《昕薇》《瑞丽》等少女杂志,她突然很想把自己打扮成一个"女孩子",于是,莉莉存了一个多月的零花钱,准备买一双高跟鞋。

一天,我们正在睡午觉,有人来敲门,菲菲开门一看,居然是莉莉。她穿着高跟鞋和裙子,我们看着莉莉的"转型",简直惊呆了。以前的"假小子"一下子变成了一个美丽的少女,但随后我开始担忧了,这么小的一个丫头,穿着一双高跟鞋,肯定是有害无利的。

其实,菲菲每次看着走在T型台上的模特,也都是羡慕不已,因为她们都有一双美丽的高跟鞋,使身材显得更加高挑。菲菲也跟我提过,希望能有一双自己的高跟鞋,但我一直没答应。这次看到莉莉穿,心里更是痒痒了,说:"妈妈,我有好多裙子,配双高跟鞋肯定更好看,你看,莉莉都穿了,你也给我买一双嘛。"

"穿高跟鞋的确很好看,可是不适合你们这个年龄啊,而且还会产生一些危害。"

"什么危害?"

"我不是危言耸听……"

送给青春期女孩的话

有人说:"没有穿过高跟鞋的女人就不算是女人。"女人们大多都爱穿高跟鞋,仿佛它有神奇的魔力,能让女人瞬间变得有自信。高跟鞋是衬托女性挺拔秀丽身段和时尚感的元素之一,是女人一生无法抗拒的诱惑。穿上高跟鞋,重心前移,挺胸收腹,显得健美、轻盈,风姿绰约。于是,很多女孩和莉莉一样,早早地穿上了高跟鞋。其实,青春期女孩是不宜过早穿高跟鞋的,因为过早地穿高跟鞋会引起骨盆和足部形态发生变化。

1. 对骨盆生长有很大的阻碍作用

骨盆是人体传递重力的重要结构,穿平底鞋时,全身重量由全足负担;穿高跟鞋时,全身重量主要落在脚掌上,这样就破坏了正常的重力传递负荷线,使骨盆负荷加重,容易引起骨盆口狭窄,给成人后的分娩带来困难。穿高跟鞋还有可能使骨盆发生不易觉察的转位,影响骨环的正常结合,导致骨盆畸形。

2. 影响足骨的发育

足骨的发育成熟期在15～16岁。鞋的大小直接影响足骨的生长,严重的会让足部产生变形。过早地穿高跟鞋会使足骨按照高跟鞋的角度完成骨化过程,容易发生跖趾关节变形、跖骨骨折及其他足病,这些病都会引起足部疼痛,严重时可影响正常行走和活动。

长期穿高跟鞋的女性,腿部、会阴和下腹部的肌肉总是处于紧张状态,这直接影响到了盆腔的血液循环,使盆腔性器官的正常生理功能受到不良影响。

因此,青春期的少女不宜穿高跟鞋,特别是那种跟高7～8厘米的高跟鞋。

亲爱的菲菲和莉莉,我知道你们长大了,开始爱美了,可能很多和你们同龄的女孩子都开始拥有一两双高跟鞋,但你们要知道,高跟鞋对青春期女孩的危害很大。青春期的到来,并不代表你们已经发育成熟了,这是一个过渡期,很多成年女性拥有的"权利"对于你们来说还为时过早,等到你们真正成熟之后,再去享受成年的美好也为时不晚。

狐臭，怎么治得好

青春期成长事件

某天，菲菲回到家和我说了学校里发生的一件事：她的同学波波人很好，学习也不错，可是同学们都不喜欢亲近她，也不喜欢跟她同桌，因为她身上有一股怪味道，很难闻。

老师准备让菲菲和波波同桌，菲菲觉得波波人很好，就答应了。可是菲菲坐在波波身边后才发现，波波身上的味道让她实在难以接受，有几次，菲菲差点吐出来。没办法，老师只好让波波一个人坐在教室的角落里。

菲菲和我说完以后，我明白了，波波的情况应该是狐臭。后来，菲菲问："什么是狐臭啊，那是什么病呢？"

送给青春期女孩的话

波波的这种情况，一些和她同龄的女孩也是有的，很多人谈之色变，这其实就是"狐臭"。狐臭是一种体臭，味道较重，容易令旁人感到不舒服。狐臭让女孩们感到无比尴尬，也给很多青春期的女孩造成了一种精神上的不安及挫折感。其实，这是普通的生理现象，女孩子不必太在意。

狐臭大都发生于青春期，受情绪及荷尔蒙的影响。狐臭产生的根源是腋下汗腺所分泌的脂肪酸偏高，再经由腋下的细菌分解，分泌汗液，形成恶臭。一般而言，汗腺有两种，一种是外分泌腺（又名小汗腺），分布于全身，分泌99%的水分和0.5%的盐分；另一种为顶浆腺（又名大汗腺），坐落皮肤真皮层，开口于毛根部，只分布在腋下或阴部和眉毛，会分泌较浓稠的液体，并含有油脂和蛋白质。

那么，有了狐臭到底该怎么办呢？

传统的手术方法是将腋部有腋毛部位的皮肤连同大汗腺一起切除，该手术效果彻底，但手术切口较大，造成局部皮肤缺损、出血多，需要缝针，由于缝合时皮肤张力大，限制了双上肢的活动功能，易造成伤口感染，缝线脱落，产生较大的手术疤痕。另外，有些患者疤痕明显，在穿泳装或者夏季上抬手臂时往往容易被人看见，这使许多患者不能接受。因此该手术治疗方法，只适用于严重且经其他方法治疗效果不佳的病人，对于此方法临床医生都非常慎重。

刮除法手术是在腋部外侧切一个约3毫米的小口，将腋臭刮匙伸入皮下，刮除腋部的汗腺，让皮肤上的汗腺开口闭锁，从而达到治疗的目的。

刮吸法手术效果较好。该方法于20世纪80年代在日本开始应用，其是在刮除法的基础上进行改进，应用吸脂机的吸头，将腋部的汗腺和部分皮下组织吸出。手术时间短，痛苦小，术后无明显疤痕，对学习、生活影响小，患者易接受。

另外还有一种方法，即高频电凝美容治疗仪。这种方法的治疗机理是通过电针，在瞬间高频电的作用下，使汗腺凝固、碳化。但有些患者的汗腺凝固不完全，会遗有气味。

除了做手术，在日常生活中也可采取以下措施防止狐臭的发生。

（1）保持皮肤干燥。狐臭发出气味一般还是因为发病部位的潮湿和不卫生，因此，患狐臭的女孩要保持腋窝、乳房等部位的清洁。

（2）对于发病部位，采取针对性的措施，比如每天用肥皂水清洗几次，甚至可以将腋毛剃除，不让细菌有藏身之处。

（3）戒烟酒，少吃强烈刺激的食物。

（4）在治疗中，要保持心情开朗，且不宜做剧烈活动，剧烈运动会加大流汗量，加重病情。

亲爱的菲菲，了解了这些，你应该知道波波为什么会受到周围人的排挤了吧？你可以给波波提出一些好的建议，告诉她是怎么回事，让她采取一些措施，减轻症状。妈妈相信，在你的帮助下，波波会逐渐被周围的同学和朋友接受的。妈妈也希望你在日常生活中多注意卫生与健康，做个干干净净的女孩，减少疾病的发生！

掉了好多头发,我是不是要秃顶了

青春期成长事件

有一天中午,菲菲洗完头,让我给她吹头发,她问我:"妈妈,您买的洗发水是不是过期的呀?"

"你这孩子,怎么说这么莫名其妙的话,我怎么可能买过期的洗发水呢?对于你的健康,我是最在意的。"

"可是我发现,我最近洗头时总是掉头发,刚开始是一两根,现在越掉越多,照这么掉下去,我真担心我这一头美丽的秀发会变成秃顶。"

"怎么会呢?"我说着摸了摸菲菲的头发,一摸就会掉下几根,看样子,菲菲掉发不是正常的青春期代谢。

"菲菲呀,妈妈这几天带你去医院看看好不好?妈妈害怕你这头发掉得不正常,还是看看比较保险。"

当天晚上,我就查了一些资料,看看到底是怎么回事。

送给青春期女孩的话

大部分青春期女生都会掉头发，尤其是长发的女孩子。掉发有生理性及病理性之分。生理性脱发指头发正常的脱落；病理性脱发指头发异常或过度的脱落，其原因很多。

头发与人的生命一样，有它自己的寿命，长到一定长度，寿命到头了，它自己就老死了，自然会脱落，这是一种正常现象。属于这种情况的掉发，任何人都有，而且是经常性的，因此，对于这样的情况，青春期女孩完全不必担心，头发掉了还会长出来的。

而有些女孩大量地掉发，这可能就不正常了。不正常的掉发，是因为头发的生长受到了影响的缘故。这大部分与人的身体状况有关，身体状况差的人，无法给头发生长提供正常需要的营养，而营养是靠血液运送的。如果一个人长期多病，气血不足，身体营养差，头发就会因缺少营养，生长不好而短命脱落。这样的人就容易掉头发，掉的也比较多。有人生过一场大病以后，头发掉得稀稀拉拉的，可能就是这个原因。

另外，一些精神因素也会导致掉发。比如，一些青春期的女孩，学习压力大，用脑过度；或者遇到了什么事儿，感到烦闷，精神过于紧张；再或者，大脑突然受到了什么刺激，头发也会出现大面积脱落的现象。

头发生长原本就有一个生长与衰老的周期，自然生理性的脱发其实每天都在发生。

那么，面对生理性脱发，青春期女孩应该怎么做呢？

（1）使用正确的洗头方法。不正确的洗发方法，会导致头部的血液循环不良，也可能导致脱发。首先，女孩子洗头时水温不要超过40℃，应与体温37℃接近。其次，是洗发次数，夏季可以每周3～7次，冬季可以每周1～3次。

（2）使用电吹风机，要与头发保持20厘米的距离。

（3）杜绝饮酒。饮酒会使头皮产生热气和湿气，从而引起脱发。

（4）多吃蔬菜与水果，可使代谢正常，大便通畅，从而防止便秘引起的脱发。

（5）减少脑部的压力，保持良好的心情。头发的生长状况如何，直接体现了一个人的心情，心情压抑的程度越深，脱发的速度也越快。对于女性而言，保持适当的运动量，头发则会乌黑有光泽，充满生命力。

（6）使用正确的洗发用品。正确的洗发用品指的是对皮肤和头发都无刺激作用的弱酸性洗发产品。

不要用脱脂性强或碱性洗发剂，因为这类洗发剂的脱脂性和脱水性均很强，易使头发干燥、头皮坏死。因此，青春期女孩应选用对头皮和头发无刺激性的天然洗发剂，或根据自己的发质选用。对于梳子的选用，最理想的是黄杨木梳和猪鬃头梳，既能去除头屑，又能按摩头皮，促进血液循环。

（7）避免过多的损害。染发、烫发和吹风等对头发都会造成一定的损害；染发液、烫发液对头发的影响也较大，使用次数多了会使头发失去光泽和弹性，甚至会变黄变枯。因此，青春期女孩染发或烫发间隔时间至少应为3～6个月；夏季要避免日光的暴晒，游泳、日光浴更要注意防护。

（8）戴帽子要注意头部通风和透气。

（9）充足的睡眠。充足的睡眠可以促进皮肤及毛发正常的新陈代谢，而代谢期主要是在晚上进行，特别是晚上10时到凌晨2时之间，这段时间睡眠充足，就可以使毛发正常新陈代谢。反之，毛发代谢不正常及营养失衡都会引起脱发。因此，尽量做到每天睡眠不少于6个小时，养成定时睡觉的习惯。

另外，女孩可以掌握一些防止脱发的小窍门，可在掉头发的地方经常用生姜擦一擦，这样可以促进头发生长。此外，饮食营养也要全面，适当多吃些坚果类食物，以及黑芝麻、黑豆等"黑色"食品。

青春期女孩要知道自己的头发是不是掉得特别多，有一个很简单的"拉发实验"：可以轻拉自己的头发6～8次，看每次拉下来的头发有没有超过3根，如果有，就表示头发毛囊比较脆弱，应该要多加注意。

根据菲菲的掉发情况来看，应该是学习压力和不良的生活习惯造成的，亲爱的菲菲，你的健康就是妈妈最大的安慰，你也长大了，应该多注意自己的身体，学会照顾自己了！

女孩也会神经衰弱吗

青春期成长事件

菲菲班上有个女孩，是从一个农村中学转学过来的，她比别的同学都努力，因为她觉得爸妈把自己送进城里的重点中学读书不容易，自己不能比城里的女孩成绩差，她要证明给所有人看，自己是成绩最好的。

因此，平时在大家玩的时候，她也一个人坐在教室复习功课，学校组织的郊游她不去，一些劳动活动她也不参加，因为她要把所有的时间放在学习上。就这样，第一学期的期中测验，她得了班上第一名，为此，她更加确定自己要努力，要争取拿全校第一。

她每天都抱着这样的想法生活，吃饭的时候也在想数学题的解答方法，甚至晚上做梦都会梦到物理公式的演算方法。就这样，在一个月的时间内，她发现自己已经无法入睡，白天精神恍惚、食欲缺乏，还喜欢发脾气，同一个单词以前记一遍就能记住，现在就算是记住了，过后也会忘记。后来，她的爸爸妈妈不得不带她到医院检查，心理医生说，她是因为用脑过度而导致了神经衰弱。

送给青春期女孩的话

多思、敏感几乎是所有少女共同的心理特征。正是因为这些心理特征，青春期的女孩也会神经衰弱。据分析，很多少女之所以会神经焦虑，是因为她们长期过于敏感和过度紧张，引起大脑神经兴奋与抑制失调。由于失调，身体便会出现不适感。反过来，这种身体的不适又会影响她们的思维，使大脑功能进一步紊乱，慢慢地，就形成了一种恶性循环。很多女孩以为自己得了不治之症，把精力、注意力全部集中在病上，陷入不能自拔的境地，影响到正常的学习、生活乃至自己的健康。

神经衰弱的症状一般包括两种：一是容易兴奋，对刺激极为敏感，表现为多疑、敏感、偏见、固执、易激动、爱生气、脾气古怪；二是容易疲劳，特别是在看书、学习、写作等脑力劳动时更明显，表现为记忆力减退、头脑昏沉、注意力不集中等。

女孩进入青春期后，和童年时代会有很大的不同，这也是成长的烦恼，她们会逐渐变得敏感，更在意周围人对自己的看法，对自己的形象也更加注意，于是，她们变得情绪不稳，其实这是正常的。但有些女孩发展到看问题易偏执，这就使得女孩对人与人之间的关系很敏感，特别是对与自己有关的人际关系更敏感。另外，一些女孩又对神经衰弱的各种症状缺乏正确的认识和态度，怀疑自己得了不治之症，使精神更加紧张，病情也就越发严重了。所以，为防止和消除神经衰弱，女孩应该恰当地把握感情的敏感度，不妨做到以下几点：

1. 肯定自己，接受自己

每个人都生活在社会中，因此，谁都会在意别人对自己的评价，但不能活在别人的眼光中。而现实生活中，就有这样一些女孩子，过分敏感，这种生活态度会给女孩带来很多麻烦，女孩要想摆脱这种心理，就要学会肯定自己，接纳自己。

2. 大方地为人处世，别为小事斤斤计较

生活中不如意的事太多，人与人的交往中，避免不了矛盾，对此，你如果

紧盯着矛盾，对那些不必在意的事过分纠结，你就是自寻烦恼。其实，有些小事发生了，你就可以把它当做雨过云消了。

3. 认识自己，善待自己

要认识到自己不能代替别人，别人也不能代替自己；别人不会事事强过自己，自己也不可能事事高人一筹。要有从大处着想的胸怀，敢于公开自己的优缺点，而不尽力去掩遮一切；要有"走自己的路，让别人说去吧"的勇气。

4. 充实业余时间

一个生活充实的人，往往在精神上也是充实的，充实的精神世界一般能避免焦虑、敏感。因此，青春期女孩不妨多参加集体娱乐活动或读点你自己感兴趣或有益的书籍。另外，经常坚持体育锻炼，也有助于防止"心理过敏"的现象发生。

5. 采用"今日事、今日毕"和"坐言不如起而行"的生活态度

有神经衰弱倾向的人，一般来说，心理机能都会减退，耐力也会不足。他们会对必须付诸行动的行为犹豫不决，或者针对还没有实行而产生的结果瞻前顾后，虽然知道这种想法是无意义的，却无法有所行动。有这种倾向的女孩，应该摒弃这种生活态度。

青春期女孩，当自己患上神经衰弱时，一定要弄清神经衰弱的主要原因，除了因精神过度紧张、敏感、多虑外，身体原因也不能排除，比如身体的过度劳累、生活的不规律、强烈的精神刺激等都会导致神经衰弱，只有查明病因，才能对症下药。

太矮了，如何才能长高

青春期成长事件

一个周末的早上，菲菲和莉莉、阿芳出门玩去了，我一个人在家很无聊，就打电话让一个同事陪我去逛街，刚好她也没事。

来到我们经常逛的一个商场，我突然想起要给菲菲买双鞋，孩子身体在成长，这脚也跟着长，不到个把月就要换双合脚的鞋。

我给菲菲挑了一双米黄色的帆布鞋，估计她会喜欢。同事也给她女儿买了一双，我一看，居然是一双内增高的鞋，很厚的鞋跟，我就好奇地问她："孩子还在发育期，穿这种高跟鞋，对孩子的身体发育好吗？"

"我也知道不好啊，可是我们家梦梦爱面子，她今年14岁了，身高还不到150厘米，和她同龄的女孩一般都长到160厘米了，站在个高的女孩们中间，梦梦感觉自己像个侏儒，她很怕自己真是个长不高的'拇指姑娘'，每次买鞋，我都会帮她买这种增高鞋，是为了不让梦梦受打击呀。"说完，同事叹了一口气。

接着她说："我也不知道为什么孩子长不高，我和她爸爸也不矮呀，应该不是遗传问题，营养也跟得上，我们总给梦梦吃最好的。她想增高，又不敢吃增高的药，怕对身体有害。"

"孩子还小呢，还没发育完全，说不定过段时间会猛长的，到时候你高兴都来不及呢。"同事听了我的安慰，脸上的表情舒缓了很多。

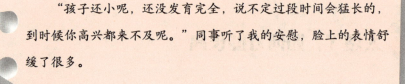
送给青春期女孩的话

其实，梦梦不必担心，14岁的身体并未发育完全，还有再长高的希望，况且，身高并不是判定一个女孩美与丑的标准，小个子的女孩也别有一番小巧玲珑之美。

青春期的女孩长不高的原因有很多，比如营养跟不上、生活不规律、学习压力过大等，当然，父母的遗传也是一个重要因素。

身材矮小的女孩不要因害怕自己长不高而采取一些急功近利的方法，比如药物治疗等，这是不正确的。长高是一个持续但不均匀的过程，不要盲目地追求快速的增高方法。吃增高药和一些所谓的保健品有可能导致青春期提前结束，反而最终长不到理想的高度。俗话说"物极必反"，正是这个道理。

专家指出，长高的方法因人而异。最科学的长高方法是营养加运动。营养是良好生长发育的前提；而运动可以促进生长激素的分泌，加快代谢，使青少年长得更高，青春期的女孩要想长得高些，必须先知道人体长高的奥秘。

身高是头、脊柱、下肢长度的总和。人在成长的过程中，增长最快的时期是婴儿期和青春期。婴儿期即出生到1周岁，在这一年内身高可以增长25厘米，约为出生时（50厘米）的50%，1岁时的总身长达到75厘米，这是人一生中长得最快的时期。青春期身高会突增，年增长率一般为3%～5%，年增值一般为5～7厘米，个别可达到10～12厘米，约几年后生长速度便会减慢，女孩身高一般到 20 岁基本停止增长。

那么，人体又是怎样长高的呢？原来，人类的身高主要取决于长骨（如下肢的股骨、胫骨）的长度。长骨的生长，包括骨的纵向生长（线生长）和骨的成熟两个方面。在人刚出生时，主要的长骨如肱骨、股骨和胫骨的两端骺部，除股骨远端以外都是软骨，以后在不同的年龄，骺部出现骨化中心，骨化中心逐步增大，骨组织就代替了软骨组织。但是在骨干和骨骺之间仍有一段软骨，医学上叫骺板软骨，这段软骨细胞在生长发育期不断地纵向分裂、繁殖，生成新的软骨；与此同时，在靠近骨干的部位也在不断地进行着成骨过程。长骨就是这样一点一点地增长，人也就渐渐长高了，就好比芝麻开花节节高。到了 20～22 岁，骺板软骨渐渐消失，骨骺闭合，骨的纵向生长停止，人也就不再长高了。

由此可见，长骨骺板软骨的生长是人类长高的基础，而且骺板软骨的生长又是在人体内生长激素、甲状腺激素等多种激素的协同作用下完成的。其中，促使软骨细胞分裂增殖的主要动力源是生长激素，它是由人的脑垂体分泌，促进软骨生长，骺板加宽，生长激素在人的身高增长过程中起着主导作用。

毋庸置疑，每个青春期女孩都希望自己有一个高挑的身材。那么，如何才能实现这个美好的愿望呢？一般情况下，通过科学增高是可以达到目的的。

（1）要有良好的饮食习惯，注意饮食健康，营养很重要，要多吃蛋白质含量高的食物，尽量保证足够的牛奶，还要多吃果蔬，不可偏食；另外，也不可暴饮暴食。对于青春期女孩，不要为了减肥而不吃早餐，这会影响生长发育的。

（2）保证睡眠，多休息。既要学习好，也要注意劳逸结合。

（3）多了解一些身体发育的知识。可以读一些关于矮身材研究及与身高生长发育的书，增加一些知识，读不懂可请教医生，用科学的知识指导自己的行动。

（4）多锻炼，坚持合理的运动，比如打篮球。每天坚持做 1～2 小时适量的体育运动，在一定时期内可使体内生长激素含量明显增加，随着血液中生长激素含量的增加，即可导致管状骨生长区活跃，从而增加身高。但女孩一定要注意安全，有些高强度的运动是不适合女性的。

（5）保持身心健康。情绪稳定，无忧无愁有利于生长发育。

亲爱的梦梦，长得矮不要害怕，运用科学的方法是可以增高的，即使长不高也不要紧，要知道，小巧的女孩同样美丽，只要你有充盈的内在！

第十章
Chapter 10

脆弱的青春期，女孩要学会保护自己

进入青春期后，女孩除了要学习一些社交的方法和技巧外，还要学会保护自己，使自己免受伤害。毕竟，在当前的环境下，青春期女孩面临的诱惑是非常多的，稍不留神，就会受到巨大的伤害。所以，青春期女孩一定要学会保护自己。

有心事，不知道向谁倾诉

青春期成长事件

有一天，我出门买菜，刚到社区门口就碰到了阿芳的妈妈。一般情况下她都很忙，这次偶然碰到，她居然主动找我说话："您最近还好吗？你们家菲菲怎么样？也没机会找您聊天。"

"都挺好的。你呢？"

阿芳妈妈叹着气说："孩子大了最让家长操心，小时候就算打她一顿，也一会儿就没事了，现在说她几句就和你赌气几天。我都不知道女儿什么时候变得古怪了，平时稍微说点什么吧，她就顶嘴，甚至干脆不理你。小时候叽叽喳喳地说个没完，现在长大了却很难听她说点关于学习和生活上的事。我们做家长的试图跟她讨论、了解点什么吧，她就牛头不对马嘴地敷衍几句。她对她最好的几个朋友也不像以前那么热情了。放学回家后就把自己反锁在房间里听音乐，一待就是几个小时。问她为什么总是沉默不语地不理会人，她就没好气地回答：'我想安静，沉默说明我在思考问题。我已经长大了，需要把很多事情考虑清楚。'哎，阿芳今年才14岁，根本还是个孩子。我真不知道这孩子怎么了。"

"估计是有心事吧，她们这个年纪都开始有自己的心事了，一般还不爱跟父母说。我们家菲菲还好，不过最近也开始有脾气了，好像也有什么心事，不过，一般情况下她都会和我说的，要不，你还是和阿芳好好谈谈吧。"

"是啊，我也希望阿芳能敞开心扉，跟我们说说心事，憋在心里会憋出病来的。可是，我和孩子真的有代沟了，她根本不听我的话，要不，麻烦您哪天帮我劝劝她，她经常去您家，好像和您说的话比和我说的话还多呢。我这个妈妈做得不合格啊！"

"好的，你就放心吧，有机会我会劝劝她的，希望我们的女儿都能身心健康地成长啊！"

送给青春期女孩的话

青春期是变化的时期，处于这个阶段的女孩子，要开始结束童年的生活而过渡到成年人。过渡期的女孩，除了每天紧张的学习外，还会面临很多成长的烦恼，这些都给她们的身心造成了极大的负担。因此，这个时期的女孩开始变得不再依赖父母和老师，而且心事重重，即使自己无法解决的问题也闷在心里。其实，有心事闷在心里对身心发展是不利的，善于与周围的人沟通，才是解决心事的正确方法。

因此，女孩们，当你们有心事时，要学会和别人分享，不要自己闷在心里，以免造成很多心理压力和心灵疾病，比如抑郁症、焦虑、强迫症等。这些心灵的创伤很大一部分原因是不能释放自己的情绪，当内心的情绪被锁定在生命中无法释放时，生命的动力、创造力、智慧、人际关系都被压抑在其中。

生活中，很多女孩出了学校回到家中，房门一锁，远比旧社会的千金小姐更"与外界隔源"，只剩下网络与外界联系，似乎只有在网络里才可以找到听得懂自己的话、了解自己的人，所以使得许多女孩由于在家中无法上网就钻进网吧去上网。她们通过错误的方式发泄自己的情绪，有的通过沉默，有的通过幻想，这也造成了诸如多动症、抑郁症、迷恋网吧等各种问题，更有甚者还通过打架、行凶、吸毒来发泄。其实这一切的表现都来自人需要释放的本能。一些女孩一生起气来就不能控制自己，做了过火的事情后又开始悔恨。然后就又寻求其他方式释放自己的压力，如此循环，却始终找不到排遣内心郁闷的出口。

其实，当你有了心事时，最需要的是有效地沟通，也就是我们常说的"要说出来"，没有什么大不了的问题，没有什么解决不了的事情。有时候，你认为无法解开的心结，你的倾听者的一句话就会使你茅塞顿开。通常情况下，你的心事可以和父母、老师以及关系较好的朋友沟通。

1. 父母是你永远的依靠

现代家庭中，很多女孩和父母之间有代沟。这不仅仅是因为父母工作忙，没时间和孩子沟通，也和女孩的拒绝沟通有关。在家庭生活中，很多女孩都有过这样的经历，很多事情选择独自承受，不愿意和父母分享。当你们有话不能讲、不愿讲时，距离就产生了，这是人为制造出来的距离。换个角度，如果有一天你的孩子有话不愿意对你说，你的感觉又如何呢？

其实，父母毕竟是过来人，人生阅历比你深，你遇到的一些心事，也许父母能给你解决的方法，所以敞开心扉交谈，远比你一个人闷在心里好得多。

2. 老师也是你的朋友

事实上，你的心事只不过是老师遇到的一个案例而已，他能为你提供最好的解决办法。

3. 找同龄的朋友沟通

当你无法和师长沟通时，或许同龄人可以理解你，因为他们可能也会有同样的体会。

总之，青春期女孩，你要有一定的承受能力，别让心事压垮自己，学会倾诉，学会沟通，心事才会随风而去，这样你才会快乐。

人无完人，女孩要接纳自己的不完美

青春期成长事件

菲菲班上有个特别的女孩，当别的同学嬉戏时，她一般都独自躲在角落里，好像从来没有朋友一样。实际上，她也希望自己可以和别的女孩一起玩，可是，她总觉得自己像只丑小鸭：个子很矮小，脸上还有痘痘，皮肤也很黑。为什么妈妈在给自己生命的时候，把这些缺点都给了自己呢？在一次题目为《我的心事》的作文中，她这样写道："我是一个初中女孩，虽然年龄还小，但自卑心理已经很严重了，我有太多的缺点，唯一能让我稍微欣慰的就是我的学习成绩比较好，在班里能排前几名。上小学的时候，我有两个很好的朋友，以前我是她们学习的榜样，可现在，她们很明显已经超过了我，而且在学校里还有一些男生主动写情书给她们，我却得不到别人的关注，为什么我这么差劲？现在，她们已经是学校光荣榜上经常出现的学生了，而我，成绩在一天天退步，她们也离我而去了。

我很自卑，一开始我还不认为自己自卑呢，后来当我发现这三年来我的变化真的好大的时候，才注意到了这一点。我觉得从小我就没自信过。于是我装得很有特点，生怕在这个优秀的团体里，别人会遗忘我。我开始看那些我不喜欢的东西，开始看动漫，开始看小说，我的性格开始变得内向，我现在好茫然，我不知道该怎么办，马上就要开学了，我已经不知道该怎么面对中考，面对未来的学习了。"

据菲菲说，老师后来经常找她谈话，希望她能以平常心对待学习成绩，也要接受自己的不完美。之后，这个女孩开朗了许多，身边也开始出现一些朋友了。

送给青春期女孩的话

每个女孩都会经受一个破茧成蝶的过程，从一个幼小的不起眼的毛毛虫成长为一只美丽优雅的蝴蝶，短短的几年时间，女孩的身体和心理都要经历一场巨大的变革。变革结束以后，女孩就像蝴蝶一样达到了成熟。这项奇妙的变革，我们叫作青春期。但青春期的到来，也出现了很多令女孩们头疼的问题，尤其是身体上的不完美，但很多问题，只是青春期独有的，随着年龄的增长和身体的发育成熟，是会逐渐消失的。所以，这种不完美也是暂时的，用平稳的心态接受这种暂时的不完美，不断充实自己的内在，会让自己的青春期过得更加丰富和愉快！

如果女孩不能接纳自己，把眼光过度放在自己的缺陷和不完美上，就会对自己产生过低的评价，导致缺乏信心。自卑，是个人对自己不恰当的认识，是一种自己瞧不起自己的消极心理。在自卑心理的作用下，女孩便不能以正常、轻松的心态与人交流。青春期是我们走出家庭、走向社会的一个重要时期。每个青春期的女孩子都希望有自己可以倾诉的对象，有个关系亲密的闺蜜，但女孩子过分在意周围人的眼光，甚至自卑，是无法完成与他人之间的沟通并建立友情的。所以，青春期女孩一定要学会接纳自我，然后完善自我、提升自我，才能在青春期充实自己，为未来打下基础。

1. 正确评价自我，你是特别的

每一个人都是特别的。这就和工艺品一样，有些工艺品之所以价值连城，就是因为特别，制作的人如果制作出一万件大小、形状、装饰都完全一样的工艺品，那么工艺品就值不了多少钱了。可是如果这个制作人独具匠心地制作出一件完全与众不同的工艺品，那么，它的价值就另当别论了。同样，青春期女孩，你之所以宝贵，是因为全世界再无人与你完全相同。是你的思想、情感、品位、才能构成了独特的你。

而你的那些所谓"缺点"，那些你不喜欢的自己的特质，其实是你最宝贵的财富，只是你在表达的时候程度有点过于强烈了。就好像放音乐一样，声音过大，就会让人觉得很不舒服，但如果我们把音量调小，你自己和周围的人都会意识到，那些所谓的缺点就变成了优点。你所要做的，就是在适当的时间、适当的地点，用适当的方式将它表达出来。这时你会发现，你是最特别的一个。

因此，青春期女孩要本着实事求是的态度，要学会用正确的、辩证的眼光看待自己，要充分认识自己的能力、素质和心理特点，在不夸大自己缺点的同时，也不避讳自己的长处，这样才能确立恰当的追求目标。这样的心态，才能取长补短，在清楚自己不足的同时，加倍努力，从而走出自己的路。

2. 提高自信勇气

要相信自己的能力，学会进行积极的自我暗示：我并非弱者；我并不比别人差；别人能做到的，我也能够做到，只要我付出努力；既然我选择了，我就要努力达到自己的目标，决不放弃；我不必自卑，人无完人，别人也不是完美的。

3. 积极与人交往，发展健康的人际关系

"有时候我就感觉自己像个孤岛，好像跟什么人都没有联系。这是怎么回事？"因为你没有健康的人际关系，学会交一些益友，你就会从中受到鼓舞。

如何才能交到益友？

（1）培养自己与人交往的正确态度。真正的友谊需要坦诚的沟通、彼此尊重、相互理解。当你考虑要交往真正的朋友时，你要懂得付出，不要总想着朋友能为你做什么。

（2）自重和尊重朋友。你可能会想：但愿我有这样一个朋友，他会听我的话，理解我，并且使我不会孤独，他不要有什么我不能接受的个性。不幸的是，你没有权利来改变他人。你不能迫使他人为了友谊来满足你的需要。如果你希望被爱和被尊重，你首先要做到的是自爱和自尊；如果你希望交到朋友，你就必须学会尊重他人个性的差异。

亲爱的菲菲，妈妈希望你能正确地认识自己，接纳自己的不完美，用正确的心态和品质去与人交往，这样才能交到真正的朋友！

心中的烦闷，可以找个适当的发泄方法

青春期成长事件

菲菲马上要升入初三，学习压力比以前大很多，她开始不那么贪玩了，也不和我一起坐在沙发上看电视剧了。一有时间，她就钻进自己的房间学习，因为有做不完的习题和看不完的书。离期末考试的时间一步步近了，紧张的临战气氛和学习压力，让菲菲觉得喘不过气来，她也感觉自己的神经绷得很紧，似乎再紧一点就断了。

可就在这个时候，菲菲还和班上一个同学发生了矛盾，菲菲一整天都愁眉苦脸的，回家也不和我说心里话了。

菲菲的爸爸是个细心的人，他看出了女儿最近的变化，找来菲菲，想帮助她释放一下心里的不快。在一个周末，还和小时候一样，父女俩又来到公园跑步，跑累了休息的时候，爸爸对菲菲说："能跟爸爸说说你最近怎么了吗？"

"我们班那个同学，竟然在我背后说我坏话，说得很难听，我又没有对不起她。有一天，我去卫生间，结果她正和几个女生在里面嘀咕，恰好都被我听到了，我实在忍无可忍了，就跟她吵了一架。"

"那的确是她的不对，但菲菲，你想想，你这样一整天闷闷不乐的，不仅影响学习，对自己身体也不好啊。不妨发泄一下，然后和那个同学谈谈，只要她承认自己不对，你们还是朋友啊。"

"那怎么发泄呢？"

"在人际交往中遇到不顺的事时，你应该暂时停止学习，因为这时候学习是没有效率的，心事还会郁结。不妨放松一下，有一些小窍门会起到立竿见影的效果，如深呼吸、绷紧肌肉然后放松、回忆美好的经历、想象大自然美景等，还可以去上网、爬山、聊天、听广播、看电视甚至蒙头大睡，这样既可以暂时转移注意力，也可以缓解大脑的缺氧状态，提高记忆力。这些方法都可以释放内心的不快。事实上，没有一个人是绝对受欢迎的，你不必太在意。"

"谢谢爸爸，我知道该怎么做了。"

果然，菲菲又和以前一样，脸上挂着笑容，学习也有劲儿了。

送给青春期女孩的话

青春期女孩在身体发育和心理逐渐成熟的过程中，在与周围的人相处、交往的过程中，难免会发生一些不快，产生一些不良情绪。这些不良情绪，一定要找一个发泄的出口，否则，很容易影响身心健康。

青春期女孩，如果你对什么人、什么事不满，感到不公正或者委屈，你不必怒气冲冲地找对方寻求解决之道，而应该学会心平气和地面对，因为过于情绪化，你做出的决定和解决方法往往是不理智的，只有冷静下来，才能避免很多不必要的问题。

青春期女孩，当你和同学或者朋友产生矛盾，心情压抑的时候，不妨找个倾诉的对象发泄一下。压抑的时间一长，就会给身心带来负担，尤其是那些不善于调节自己情绪的人，他们往往比较内向，容易被一些问题困扰，甚至钻牛角尖，其实这些问题在别人看来，也许根本不是什么严重的事情。对信任的人一吐为快后，可能你就会茅塞顿开。还有一些情况，对于你来说是耿耿于怀、难以气平的事，而在别人却完全不了解，体会不了。于是，有些人以为，对于这种情况，没必要对人吐露心声，实际上则不然，因为即使对方不理解，但你已经倒出了自己的苦恼，也会感到舒服和轻松。当然，别人的理解、关怀、同情和鼓励，是心理上的极大安慰，尤其是遇到人生的不幸或严重的疾病时，更需要别人的开导和安慰。

另外，心情不快的时候，也可以投身于大自然中，大自然的美景，能扩人胸怀，愉人心性，陶冶情操。当你融入大自然后，你会发现大自然的雄伟让一切不愉快都显得极其渺小，你的心情自然会好很多。到大自然中去走一走，对于调节人的心理有很好的效果。

所以，青春期女孩，当你心情不好、无人倾诉的时候，不妨多接触大自然。走出家门，到环境优美、空气宜人的花园、郊外，到农村的田园小路上去走一走，舒缓一下心绪，去除一些烦恼，不要一个人关在屋子里生闷气，使自己苦恼。

青春期的女孩们，无论身心都应该成熟了。与人交往的过程中，要学会保护自己，不要让自己被那些不快的事情影响心情，应该找个恰当的方法宣泄，而不是依然幼稚地拒绝交流、沟通，拒绝师长的帮助，与他们对抗着，难道这就是真的长大了吗？成熟的标志之一是：懂得用正确的方法处理自己的问题。

亲爱的菲菲，妈妈希望你学会处理自己的情绪问题，成长是一个漫长的过程，而且需要自己面对。

克制自己,别肆意发火

青春期成长事件

菲菲班上今天又发生了吵架事件,其实就是一件鸡毛蒜皮的事。

"你不知道她有多差劲,小心眼、成绩差、长相差,甚至是身材也差,哎!估计学校都没人喜欢她。"一群女孩子在讨论韩剧里的一个演员,说话的女孩叫中美,酷爱校园韩剧。

"你说谁差劲呢,你也好不到哪里去,一天到晚除了研究那些无聊的韩剧,你还会做什么?"这话刚好被路过的书琴碰到了,她和中美的关系一直不好,以为中美在说自己,于是,不分青红皂白,展开了言语攻击。

"韩剧怎么无聊了?你不知道每天有多少人在看,估计你妈也天天看,你也别说别人,你自己的品位也没好到哪儿去。"中美自然不肯忍让。

"你为什么扯到我妈妈,你有没有道德啊?"书琴生气了。

就这样,两人你一句我一句地吵了起来,要不是同学们劝架劝得快,估计两人还要打架。

菲菲回来说,这种事情在学校里经常发生,我感叹:现在的女孩子怎么了?都不知道应该礼让吗?

> **送给青春期女孩的话**

青春期是一个负重期,作为青春期女孩,她们至少面临着三方面的压力和挑战:一是身体正在急剧发育,使她们积蓄了大量能量,容易过度兴奋;二是学习任务很重,面对激烈的竞争,心理压力普遍比较大;三是随着年龄的增长,她们渴望对外部社会有更多的了解,人际交往也逐渐增多,各种各样的信息纷至沓来,使得需要她们处理的问题越来越多,也越来越复杂。

每个青春期女孩的血液里都流淌着亢奋的血液,青春期的她们把什么都写在脸上,不像成年人那样善于控制或掩饰自己,常常喜怒皆形于色。在与人交往的过程中,一旦产生矛盾,很容易爆发,这也是为什么很多青春期的女孩总爱发火的原因。

美国的一位心理专家说:"我们的恼怒有 80% 是自己造成的。"而他把防止激动的方法归结为这样的话:"请冷静下来!要承认生活是不公正的。任何人都不是完美的。任何事情都不会按计划进行。"

所以,青春期女孩要告诉自己:"发火前长嘘三口气。"事实上,很多事情都没有你想象得那么严重。如果不学着控制自己的情绪,由着性子大发脾气,不仅解决不了问题,还会伤了和气。

那么,女孩该怎样抑制自己发火呢?

1. 用积极的语言暗示

达尔文说过:"人要是发脾气就等于在人类进步的阶梯上倒退了一步。愤怒是以愚蠢开始,以后悔告终的。"女孩千万不要让自己变成情绪的奴隶。

女孩要想控制自己,不发脾气,首先要学会鼓励自己,用语言暗示自己。语言是人类特有的高级心理活动,语言暗示对人的心理乃至行为都有着奇妙的作用。青春期的女孩们,当你感到心中十分压抑,或者心中有一团无名火,想要冲对方发脾气的时候,可以通过语言的暗示,将自己的怒火压下去,继而调整和放松心理上的紧张感,也可以用语言来暗示自己:"别做蠢事,发怒是无能的表现。发怒既伤自己,又伤别人,还于事无补。"这样的自我提醒,会使心情平静一些。

2. 选择正确的发泄途径

当你生气和愤怒时，并不是说要把事情闷在心里，长时间的压抑对身心都有害，而是要选择正确的发泄途径，但在发泄前，你一定要考虑自己的发泄方式是否会伤害别人，是否会影响到你与其他人的关系。你可以选择体力上的发泄，可以到空旷的地方大喊几声，也可以进行比较剧烈的体育活动，比如跑步、游泳等。

另外，你可以选择哭泣的发泄方式。在过度痛苦和悲伤时，哭也不失为一种排解不良情绪的有效办法。流眼泪并非懦弱的表示，哭是人类最正常的本能，哭能将心中很多的不快宣泄出去，哭可以释放能量，调整机体平衡。你在哭的时候，不妨选择在自己的亲人或者最可靠的朋友面前大哭一场，这样痛苦和悲伤的情绪会减少许多，心情就会痛快了。所以女孩，你该哭就哭，该笑就笑，但要把握好一个度，否则会产生反面的效果。

3. 学会情绪对比

你要告诉自己，作为一个女孩，发脾气有失形象。当你生气的时候，不妨照一照镜子，看看自己暴怒的脸有多丑。不如笑笑，你笑，镜中的你也笑，苦中作它几次乐，怨恨、愁苦、恼怒也就没有了。

4. 创造欢乐法

心情不好、压抑的人，看周围的一切都是暗淡的。这时候如果想办法让自己笑起来，一切烦恼就都会丢到九霄云外了。因此，当你想发脾气的时候，不妨多想想那些开心的事，这样就能将坏情绪压下去了。

亲爱的菲菲，妈妈告诉你这些，也是希望你能控制好自己的情绪，与人交往要懂得谦让，发火会伤害他人，也会伤害自己，妈妈希望你能以健康、积极的心态和饱满的情绪与人交往！

拒绝黄色诱惑，做阳光美少女

青春期成长事件

菲菲学校最近要举行一次"抵制黄赌毒"的讲座，需要家长参加，那天刚好是周末，我就如约而至了。会上，我听了这样一个真实的故事：

"有个初一的学生叫小艾，是本市某中学的学生。她原本聪明伶俐，品学兼优，被很多大人称为'小才女'。小艾去年曾荣获省中小学生计算机网络知识竞赛一等奖。但自从迷上网络后，每天一放学，她就往网吧里钻，双休日则更是无所顾忌，全天泡在网吧，有时还和同学们在网吧里'包夜'，十分痴迷。学习时，黑板上的字、课本上的练习，在她的眼里全变得毫无兴趣。后来，她的父母还发现她在网上和一些成人玩网络黄色游戏。有时候，还主动去购买一些黄色书籍，甚至给周围的同学传阅。为此，学校警告了她很多次，但不起作用，在家长的同意下，小艾只好办了退学手续。"

听完这段话，我心里一惊，原来危险离这些孩子这么近。

送给青春期女孩的话

当今社会受商品经济大潮的冲击，人们的经商意识、价值观念甚至道德感、责任意识都发生了很大变化，但有那么一些人，唯利是图，不顾后果只顾盈利，大肆销售那些低级趣味的东西如黄色的书刊、磁带、影碟等，这些黄色信息不知不觉就流进了纯净的青春期女孩的生活中。

女孩进入青春期，就会产生性萌动，会对性知识产生强烈的好奇。很多女孩在这种情况下，往往不知所措，充满好奇，而且缺乏自制力，稍不注意就被黄毒所害。因此，青春期女孩要学会正确分析黄流的危害，把握好自己，顺利度过"暴风骤雨"般的青春期。那么，青春期的女孩该怎样抵制黄色诱惑呢？

1. 在黄色诱惑来临时，多考虑后果

做任何一件事，都会有其直接和间接的后果。同样，对于同一件事，做与不做也会有不同的结果。青春期的女孩，无论遇到什么事，在无法做决定的时候，都要经过深思熟虑，从多个方面考虑，学会运用后果联想法。对于黄色诱惑，你可以想象一下，如果你不拒绝从而导致成绩下降，辜负了老师和家长的期望，考不上理想的大学，影响了自己的发展，甚至断送了自己美好的前途，就会与美好的未来失之交臂；而如果你能克制住自己，通过自己的努力学习，考上比较理想的大学，毕业后从事自己感兴趣的工作，就能够幸福、愉快地生活。这样想，你就能做出明智的选择了。

2. 寻求帮助

青春期女孩毕竟社会阅历浅，人生经验少，对待诱惑没有自制力或者自制力低，单个人一般很难控制自己面对诱惑不为所动，在这种情况下，女孩可以请求别人，如父母、老师、同学和朋友的帮助和监督，慢慢地，你就能坚定自己拒绝和抵制黄色诱惑的决心，增强自己拒绝和抵制黄色诱惑的毅力。

3. 远离黄色诱惑源头

最好把引起诱惑的实物隐藏起来，比如黄色书刊、黄色影碟等，眼不见心不动。在日常生活中，女孩要多参加积极健康的集体活动，多与同学交流谈心，

避开黄色话题，这也是让自己身心健康发展的重要方法。

4. 从正面渠道接受性知识，消除性的蒙蔽

青春期女孩如对某种知识感到好奇，最好的方式莫过于在课堂上聆听老师的教导。破除羞怯，树立正确的性观念，合理地处理与性有关的事物、信息以及伴随出现的性问题，这些才是抵抗不良性刺激和性诱惑的有效武器。如果这种知识没有从正面学习到，青春期女孩对未来知识世界的探索之路就可能出现偏差，从而做出"一失足成千古恨"的事来。

青春期女孩的世界是丰富多彩的，生活是复杂多样的，欲望是多种多样的，每个人的人生之路都会有许许多多的十字路口，都会遇到许许多多的选择，都会面对人生的种种诱惑，关键是看你会不会拒绝。

亲爱的菲菲，妈妈告诉你这些，是希望你能保持清醒的头脑，在那些诱惑面前，懂得拒绝和抵制。对于性知识，你应该正视它，面对它，接纳它，应该和父母进行沟通，而不能采用逃避的方法。拒绝黄色诱惑，才能净化心灵，拥有一个健康的青春期！

绝不沾染赌博恶习

青春期成长事件

有一天,我在厨房做饭,菲菲拿着一本宣传册对我说:"这社会上,怎么什么人都有!妈妈您看,居然有和我差不多年纪的女孩子为还赌债,想杀害自己的亲人,真是大逆不道!"

我看了上面的内容:有一位叫娜娜的初二女生,从小受父母娇惯,上了中学后经常赌博,一共欠了3 000元赌债。对没有经济收入的初中生来说,根本无力偿还这笔不小的赌债,而她又不敢把这件事情告诉父母。债主接连不断地逼她还债,有一次债主见她还不能还债,就举着刀来威胁她,向娜娜下了最后通牒,扬言某日之前必须还清,否则就找人打她,她只好答应回家找父母要,可是她还是不敢。于是她铤而走险,在限期前一天的下午,来到舅妈家中,想用刀威胁舅妈拿出钱来,她用电工刀刺向毫无防备的舅妈,又杀气腾腾地用刀刺向年仅3岁的表妹,由于她舅妈拼命呼救,娜娜仓皇逃走,十余天后,娜娜被警察抓回。没有人相信,这个漂亮的小姑娘竟是因为赌博而伤害自己亲人的凶手。

我看完以后,长叹了一口气,这一切悲剧都是赌博引起的呀!

 送给青春期女孩的话

这出悲剧告诉青春期女孩，要远离赌博。赌博轻则危害身心健康，重则导致犯罪，甚至丧失生命，赌博是各种祸事的根源。

赌博对青少年的身心健康具有严重的危害：一是严重影响学习，妨碍休息，损害健康；二是严重影响人际关系，赌得夜不归宿，无心与家长、老师、同学、朋友交流；三是容易诱发各种违法犯罪，危害社会治安。

1. 赌博对青春期女孩的健康成长构成了严重的威胁

（1）腐蚀女孩纯洁的心灵。赌博涉及的一般是金钱和物质，因此，赌博易使女孩心生贪欲，久而久之会使她们的人生观、价值观发生扭曲，在那些赌博成性的女孩眼里，她们会把人与人之间的关系看成赤裸裸的金钱关系，而逐渐成为自私自利、注重金钱、见利忘义的人，道德品质会下降，社会责任感、耻辱感、自尊心都会受到严重削弱，更甚的还会违法犯罪。现实生活中有许多青少年因为赌博而参与暴力犯罪的事例。

（2）学生赌博，一般都会赌博成性，不仅浪费金钱，还影响学习，甚至会导致成绩落后、留级、退学等后果。

（3）对身体健康不利。虽然青春期有些烦恼，但主旋律还是无忧无虑和快乐的，而那些参与赌博的女孩，会过早地涉足金钱，为此，她们需要付出大量的时间来，精神高度紧张，精力消耗大。经常参与赌博活动会诱发严重的失眠、精神衰弱、记忆力下降等症状。

（4）赌博容易上瘾，而且，这种恶习很难改时，赌博还会和一些其他陋习紧密相连，比如吸烟、饮酒、偷窃、说谎、打架等。因此，赌博对中学生是有百害而无一利的。

2. 抵制和拒绝参与赌博的方法

（1）自觉遵守学校校纪校规，严格要求自己，防微杜渐。

（2）远离赌博现场。一些人因为不好意思推托朋友、同学的邀请而参与赌博，这往往也是其陷入赌博泥潭的原因之一，因此，青春期女孩，遇到他人

相邀，要设法推托。

（3）和赌博划清界限，绝对不要尝试赌博。很多赌博成瘾的人都是从"消遣""带点刺激"等开始的，久而久之，胆子也壮了，胃口也大了，从而慢慢陷入赌博的泥潭。

（4）从认知上告诫自己，远离赌博。事实证明，很多陋习甚至违法犯罪行为的发生，是由于好奇和"无聊"引起的。因此，青春期女孩要从正规渠道了解赌博知识，了解赌博的现状以及危害，培养高尚的情操，多参加健康积极的文体活动，充实自己的业余活动，别因"无聊"而尝试赌博。

（5）要有责任意识，杜绝周围的赌博现象。制止他人参与赌博，反对和制止校园赌博，必要时要向老师或学校有关部门报告。

青春期女孩一旦赌博，就为犯罪埋下了一颗不定时炸弹，轻则违反校纪校规，重则触犯法律，对自己、他人、家庭和社会都将造成严重的危害，远离赌博，就远离了犯罪的一个重要诱发因素，这样，才能拥有健康的青春！

亲爱的菲菲，妈妈希望你能树立起防范意识，让自己远离赌博场所，只有从认知上杜绝，才能从根本上杜绝赌博，你还要劝谏周围的同学不要参与赌博。这样，大家才能在一个干干净净的氛围中学习、成长！

第十章 脆弱的青春期，女孩要学会保护自己

学习禁毒知识，远离毒品

青春期成长事件

菲菲爸爸每天早上上班前都会把当天的报纸浏览一遍，那天，我正在给菲菲准备早饭，他看到一条"骇人"的新闻——一个16岁女孩的吸毒经历。那条新闻是这样的：

"16岁的女孩黄叶虽然从小爱玩好动，但学习成绩还算不错。一次，在游戏机房里，她在男友的带领下，认识了一群稍长几岁的'哥们'。他们掏出一种白色粉末，围坐在那里吸，一副'飘飘欲仙'的样子，一下子就引起了黄叶的好奇。当'哥们'怂恿她尝一口时，她毫不犹豫地伸出了手。有了第一次，就有了第二次、第三次。后来，为了弄钱吸毒，她开始说谎，学也没心思上了，甚至骗低年级同学的钱。最终，黄叶被带到了劳教所。"

"黄叶原本出生在一个富裕的三口之家，父母经营一家工厂，钱越挣越多，精神上却日渐空虚；后来，为了追求'刺激'，'一家之主'找到了通往'极乐世界'的途径——'白粉'；再后来，妻子也初尝'白粉'的'乐趣'，于是他们在吸毒的泥潭中越陷越深。渐渐地，他们连钱都懒得去挣，所有的积蓄不到两年便挥霍一空，连女儿的学费都缴不出，16岁的女儿被迫辍学。失意至极，女儿来到游戏机房，投奔自己的男友，哪想到男友也是个'瘾君子'，善良无知的她也慢慢被'白粉'吞噬了。"

> **送给青春期女孩的话**

毒品是人类健康乃至生命的杀手,一旦染上毒品,就意味着滑向无底深渊而步入毁灭,吸毒是通向地狱的绝望之路,毒品不知摧残了多少人的健康及生命。毒品危害如此之烈,为什么青少年还会吸食呢?青少年吸毒的原因是复杂的、多种多样的,既有社会的、自身的原因,也有生理、心理等方面的原因。其中一个不可忽视的原因就是诱惑。

青少年身心发育尚未成熟,世界观、人生观尚未形成,思想幼稚,好奇是此年龄段的特有心理,对任何事物都存有强烈的好奇心和探索欲望。但是,他们往往缺乏必要的科学文化知识和辨别是非的能力,当听说吸毒后"其乐无穷"时,便想试一试,从而一发不可收拾,被毒魔死死缠住不能自拔。

青少年吸毒主要是由于自身意志力薄弱,抵制不了毒品的诱惑以及想"试试看"的心理,所以,青春期女孩要以此为突破口,从自身做起,主动远离毒品,不和社会上的无业人士打交道,不去酒吧、夜总会等危险场所,不接触有过吸毒经历或者和毒品有关的人,不要因为一时冲动或为了报复父母就尝试毒品。总之,不给毒品侵害自己的任何机会,要从以下几个方面努力:

1. 坚决不抽第一根烟

要拒绝毒品,首先要拒绝吸烟。因为吸烟和毒品往往只有一步之遥,很多青少年被毒品毒害,就是因为无法拒绝吸烟。因此,青春期女孩,要做个健康的女孩,首先就不要和烟草沾上边。

2. 别因挫折而吸烟

处于青春期的女孩们,情绪变化快,遇到挫折,自我调节能力差,常因此意志消沉,一蹶不振,这成为很多毒贩子下手的突破口。为此,青春期的女孩们,即使遇到挫折也坚决不能当毒品的"俘虏",千万不能"借毒消愁"。当你遇到挫折的时候,不要忘记,还有父母、老师、朋友,他们都是你倾诉的对象,可能当你听完他们的建议后就会豁然开朗。因此,凡事不要闷在心里、独自扛着,更不要"借毒解痛""借毒消愁"。

3. 学习禁毒知识，做到"四个牢记"

一要牢记什么是毒品；二要牢记吸毒极易成瘾，并极难戒断；三要牢记毒品害己、害人、害家、害国；四要牢记吸毒是违法，贩毒是犯罪。

4. 决不尝试第一次

有些人以为，毒品没什么大不了的，出于好奇心，他们以身试毒，结果一发不可收拾，最后被毒品吞噬。事实证明，很多人吸食毒品都是好奇心驱使的结果。

青春期女孩要提高自己的自控能力，千万不要去尝试吸毒的滋味。千万不要相信"吸一口没事""吸一次不会上瘾"，要记住"吸了第一口，就没有最后一口"；千万不要相信"我吸了不会上瘾，我吸了能够戒掉"，要记住"吸毒犹如打开地狱之门"，任何人踏进去，都如同坠入灾难的深渊。为了终生远离毒品，不论出于什么动机，不论出现什么情况，我们都要坚定地把握住自己，永远不要去尝试第一口。

5. 学会拒绝吸毒的方法

要懂得分辨善恶，遇到坏朋友的引诱时，抱定永不吸毒的信念，坚决拒绝。遇到吸毒人员应迅速离开，并及时向公安机关报告，坚决不与之交往。

6. 远离不健康的娱乐场所

当今社会，娱乐场所也经常出现一些青少年的身影，让人忧心忡忡，事实上，在这些场所，黄、赌、毒等不良行为甚至违法犯罪活动十分猖獗，一旦走进去就有可能身不由己，陷入深渊。因此，要想洁身自好，当你想去娱乐场所放松身心的时候，就一定要有所选择。

亲爱的菲菲，妈妈希望你能认识到毒品的危害，树立正确的人生观、世界观，以乐观积极的生活态度迎接挑战，对于社会上那些不良人士，不要接触，也不要去那些危险的场所，你的健康是妈妈最大的心愿。也希望所有的青春期女孩都能热爱生命，坚决远离毒品！

第十一章
Chapter 11

青春易逝，每个女孩都要抓住时间的缰绳好好学习

青春期女孩不爱学习的现象并不少见。似乎她们不是在为自己读书，而是在为父母读书。除了每天紧张的学习外，还要面临残酷的竞争，一场场考试、一次次排名，把女孩压得喘不过气来。"我到底为什么要读书？读书有什么用？该怎么样才能读好书？"这些问题时不时会出现在女孩们的脑海里。其实，人生是自己的，学会生活，学会学习，你就能在学习和生活之间轻松地游走。人生的重要时期——青春期，也就能充实快乐地度过！

问问自己，学习是为了谁

青春期成长事件

莉莉是个成绩一般的学生，平均分数一般都在及格线上下徘徊，这次考试终于突破80分大关了。

放学回家的路上，莉莉特别高兴："这下子我妈该有面子了吧，以前总是说我把她的面子丢光了，说我没出息，我听着很不舒服。这次，我考好了，非得让她给我买套名牌衣服，我可给她争面子了。"

"不是吧？你这种想法不对哦。我们学习又不是为了父母。"菲菲说。

"不是为了父母是为了什么，我们考好了，他们才有面子啊。"

"莉莉，你这种想法是错误的，学习、考大学，以后都对我们有好处，父母迟早是会离开我们的，他们对我们严厉，也是为了我们啊。"

"可是为什么我妈妈会那么说，说我把她的脸都丢尽了？"

"那是气话啊，哪有父母不爱孩子的。"

"是啊，那我以后要好好学习，不辜负妈妈的期望。"

"嗯，这就对了嘛。"

送给青春期女孩的话

不可否认，很多父母在教育女孩的时候，都有一定的个人愿望，希望女儿按照自己的愿望成才，也有一些私心："我的梦想是成为芭蕾舞舞蹈家，可是那个年代根本不可能现实。现在我要培养自己的女儿来帮我完成这个心愿。""院子里那几个女孩考试都是前几名，我的女儿居然还有一门功课不及格，我怎么出去见人啊，真丢脸！"

这些话或多或少地会被女孩听到，她们会认为：我是在为父母而学习，因为父母要面子，学习成绩是父母在人前炫耀的资本！

有这样的想法，与很多家长培养孩子的方法和动机有很大关系。正所谓"望女成凤"，每一位家长都对自己的女儿寄予了殷切的希望，希望女儿有出息。然而，事实上很多女孩并不"买账"，她们似乎铁了心要跟家长"对着干"——不爱学习、不想去学校、不参加培训，甚至不和家长说话，不理会家长为自己所做的一切，就更别说理解家长、体会家长的良苦用心了。这些都让家长很苦恼，女儿到底是怎么了？

其实，青春期女孩，你应该明白，"可怜天下父母心"，所有的父母"都希望自己孩子好"的根本原因都是为了你们，你们应该理解父母的良苦用心。有自己的思想和自己的观点固然可以，但你要明白，自己学习到底是为了什么，真的是为了父母的面子？当然不是，是为了充实自己、培养自己，让自己成为一个对社会有用的人。如今的社会，竞争这么激烈，不学会一技之长来充实自己，你们怎么能具有竞争力呢！

抱着这样的学习动力，女孩们应该为自己设立一个目标，让自己成为一个有独立能力的人。然后按照这个目标，去努力实现它。在学习中，遇到问题的时候，要学会调节；在悲观失望、意志消沉时能及时调整自己，重新振作起来；能够适应社会，与他人和谐相处、有效合作，具备解决和化解矛盾、激励团队的能力；保持终身学习的信念——这些素质远远比一次考试考了多少分，在班上排第几名，或考上某所大学重要得多。

慢慢地，你会发现，当你离这些目标越来越近的时候，你就会明白自己到底为什么学习了。

青春期的女孩，一定要珍惜现在的学习机会，充实自己的青春期。亲爱的菲菲，妈妈也希望你能认识到学习的重要性，不要浪费大好的学习时间，但也要注意学习方法，注意劳逸结合，学会高效率地学习。这样，才能学得好，事半功倍，妈妈相信你能做到！

第十一章 青春易逝，每个女孩都要抓住时间的缰绳好好学习

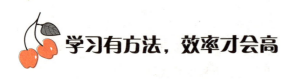
学习有方法，效率才会高

青春期成长事件

洋洋和菲菲关系不错，她很喜欢和菲菲做朋友，常常来我们家玩，请教菲菲一些学习上的问题。然而，洋洋的学习成绩却不怎么好，是班上的中等生，学习成绩在班级第10名到第24名之间波动，但实际上，洋洋学习很努力，有时候她爸妈看着都很心疼，马上就要升入初中三年级了，她经常加班加点，做很多练习题，可成绩就是上不去。父母担心洋洋最后连普通高中都考不上，便到学校找老师帮忙。

老师说："洋洋是个很努力的女孩，可是她似乎是在死读书，我平时教的学习方法她都没用上。要知道，学习努力的程度与学习成绩并不一定成正比的。"洋洋爸妈这才知道女儿为什么学习成绩总是上不去了。

后来，洋洋来找菲菲，想向菲菲取经，洋洋一直以菲菲为榜样，听了菲菲的话，洋洋才知道原来是自己的学习方法不对，努力加正确的学习方法才会有好的学习效果。于是，在接下来的学习中，洋洋奋起直追，成绩上升了很多，分数也一次比一次高。

送给青春期女孩的话

洋洋的这种情况,很多青春期女孩都遇到过。她们虽然很用功,可成绩总是不理想。原因之一就是没有掌握学习方法,学习效率太低。同样的时间内,只能掌握别人学到的知识的一半,这样怎么能学好呢?学习要讲究效率,提高效率,途径大致有以下几种:

1. 学习时要集中精力,不要分心

真正会学习的人,并不是整天对着书本的人,而是在学习的时候全神贯注、不分心的人,他们学习往往能事半功倍。

2. 学会有条理地学习

会学习的人,也是条理分明的人;相反,一个丢三落四,书本、作业本摆放得杂乱无章的人,是学不好的,因为他们的大部分精力也会耗费在一些无意义的寻找工作上。没有条理,怎么能学好呢?

3. 积极主动地学习

有人说,兴趣是最好的老师,在日常的学习中,女孩子要主动积极地学习,并把学习当成一件有乐趣的事,这样,没有学不到的知识。而且,这是一个循环的过程,如果你成绩提高了,对学习也就会产生更多的兴趣,这就是为什么有些学习成绩好的学生在学习上总是有饱满的激情,而那些学习成绩差的女孩,成绩只能一跌再跌,最终对自己失去信心。

4. 多锻炼,保持充沛的精力

身体是"学习"的本钱。没有一个好的身体,再大的能耐也无法发挥。因而,再繁忙的学习,也不可忽视放松锻炼。女孩子似乎都不怎么重视体育活动,事实上,这是一个误区。女孩子的体质本身就弱于男生,如果再忽视锻炼,身体会越来越弱,学习会越来越力不从心。这样怎能提高学习效率呢?

5. 劳逸结合,保持充足的睡眠

每个女孩必须保持每天八小时的睡眠,晚上不要熬夜,定时就寝,中午坚

持午睡。充足的睡眠、饱满的精神是提高学习效率的基本要求。

6. 保持愉快的心情，和同学融洽相处

一方面，每天有个好心情，做事干净利落，学习积极投入，效率自然高。另一方面，把个人和集体结合起来，和同学保持互助关系，团结进取，也能提高学习效率。

学习是学生的天职，学习成绩也是检验学生学习状况的重要手段，很多女孩虽然很努力，但学习成绩却不见提高，这就是学习效率的问题，而想要提高学习效率，女孩就要掌握正确的学习方法。另外，在中学阶段就养成好的学习方法和习惯，拥有较高的学习效率，对人一生的发展都会有很大的益处。

但提高学习效率并非一朝一夕之事，需要长期的探索和积累。前人的经验是可以借鉴的，但必须充分结合自己的特点。影响学习效率的因素，有学习之内的，但更多的因素在学习之外。

亲爱的菲菲，妈妈也希望你能充分利用好自己的时间，掌握一些正确的学习方法，这样才会学得快、学得好！

考试失利，怎么跟父母交代

青春期成长事件

小乐是菲菲的同学，和菲菲关系不错，她是个认真学习、刻苦努力的女生，可令她自己甚至是老师苦恼的是，一到考试，她就怯场，无法发挥出自己正常的水平，结果每次都会考砸。考砸之后她就更加烦躁不安，觉得自己很没用，对不起老师和父母，也提不起精神来学习。有一次，她和菲菲谈心：

"马上就要上初中三年级了，可我的成绩总是不理想，本来我的成绩还是不错的，可后来考了一次地理，我没怎么在意，结果成绩一下子降了很多。后来学习的时候，我就提不起兴趣了。期中考试的时候，我的成绩一下子降到了全年级600多名。家长和老师给我做过很多思想工作，也批评过我多次，我也想考好，可是，我一拿起书本就觉得很烦，学不下去。其实我也想学好，可就是不知道该怎么办，物理一窍不通；数学是我的强项，可每次都发挥不好；其他的小科也很不理想，尤其是历史，才考20多分。我都不知道要怎么办了，想到现在的状况我就丧气，学习根本提不起劲来，可是我的确不想失败，也想考个好的成绩上个好高中，可是每次我定的目标都完不成，连着3次前700名都进不去，我好羡慕你这样学习成绩好的学生，我该怎么办？"

这些是菲菲后来和我说的，希望小乐能重新振作起来吧。

第十一章 青春易逝，每个女孩都要抓住时间的缰绳好好学习

送给青春期女孩的话

每个青春期的学生尤其是女生，心理相对都比较脆弱，考试失利，自然会有一定的心理压力。考试前，每个人对自己的能力和水平都会有个评估，而考砸以后，客观结果与心理预期有所差距，心理压力也就产生了。对此，青春期女孩一定要学会给自己减压，以正确的心态接受考试结果，那么，该如何减压呢？

1. 应该正视失败，别光盯着消极面

俗话说，"胜败乃兵家常事"，考试失利，也是常事，对于学生来说，是再正常不过的。你要做的不是一味地沉浸在失败的痛苦中，而是要勇敢些，正视考试失利，并用辩证的眼光看待结果。因为你这一次的失利，是由于你还存在很多没有学好的知识，进行经验和教训的总结，才是你在考试后应该做的事，而不是一味地生活在懊悔或自责中。

2. 学会倾诉

女孩是比较敏感的，她们会以为周围的人都在议论自己，于是，一旦考试失利，就选择躲避，"躲进小楼成一统"，甚至羞于见老师和同学。其实，这是不必要的，也许在你担忧别人议论你的时候，别人议论的却是另外一件事，而且，考试失利这样的事，任何人都会经历，没什么丢脸的。为什么不把自己的心情告诉老师和同学呢？倾诉不仅可以让你的压力得到释放，还能拉近你与他们之间的距离。相反，心存猜忌、闷闷不乐，只会造成误会与隔阂。

3. 转移注意力，规避悲观情绪

任何人面对考试失利，都会有消极的情绪体验，只是一些人自我调节能力较强，在经历了一些快乐的情绪体验后，能重新振作，重新投入学习，而另一些人，则紧盯着那个很低的分数，不愿意转移视线。

其实，规避悲观情绪的方法有很多。比如，听一段喜欢的音乐，净化浮动的心；全身心地投入一场体育比赛，缓解你的失意情绪。当然，这些规避悲观情绪的方法是为了让你重新振作，而不是不思进取。在身心放松之后，还是要

以学习为主，争取更好的成绩。

4. 正确评估自己的实力，降低过高的学习目标

重视学习过程，不要过于计较考试结果，把考试当成作业，以平和的心态来对待考试，这样，即使考砸了，也不会太过失望。

5. 善于总结经验教训

从考试中发现自己的不足，才是考试的意义与作用。一次失利并不代表次次失利；相反，它是下次成功的前奏，青春期女孩，当你一次考试失利后，应多问问自己为什么会失利，应该怎么补救？

实际上，我们不能否认，有些女孩考试失利，并不是因为知识积累不够，而是考试时的情绪所致，比如焦虑。针对这种情况，女孩要及时调整自己的心态，在考试时放轻松，发挥出自己的真实水平。

亲爱的菲菲以及所有的女孩，人生不如意事十有八九，考试失利不过是命运对你心理承受能力的一种考验罢了。失利了，别失意。若以坚强的意志与自信跨过逆境，你就会在人生大道上迈出更坚实的步子，获得意想不到的胜利和快乐。其实，考试的结果并不重要，用轻松的心态去面对考试，或许你会收获更多！

了解考试的目的，不可过分看重成绩

青春期成长事件

每年的下半年，学校都会举行一次最佳优秀学生的颁奖活动，菲菲班上也进行了评选活动，可结果是成绩一般的王佳佳被选上了，很多同学都很不解。

后来，就这件事，老师还在班上进行了一次公开讲演："我知道，班上很多成绩好的同学会认为，凭什么让王佳佳拿这个奖，她成绩又不是最好的。可是，王佳佳是班上值日做得最多的，是每天最早来学校的；王佳佳的动手能力很强，她做的好事足够我说一堂课……"老师说完这些以后，班上鸦雀无声。

老师接着讲："我们不能以成绩论英雄，学习成绩好，并不意味着思想好、能力强，学习成绩落后，也并不意味着思想差、能力弱。现在的社会需要各种各样的人才。只要有能力，任何一个学生都能在社会上立足，并成就一番事业。"

老师的话很有道理，学习成绩只是学生能力的一个方面。

送给青春期女孩的话

学习是学生的天职，每一个青春期女孩都对自己的学习成绩尤其是考试分数很在意。很多时候，成绩似乎是学生的人格和面子，很多老师和家长以学生的考试成绩来定学生的好坏。其实，这种观点是错误的。考试成绩只是检验学习效果而已，评定一个学生，不能只看她的考试成绩。

"考考考，老师的法宝；分分分，学生的命根。"这句话在学生中甚是流行，"学生学习的动力是什么，老师教学的方法是什么？""学生最关心的就是分数，老师最关心的也就是考试。"这是学校最流行的口头禅，也形象地反映了分数的重要性。升学要考试，要凭分数来录取。考个高分，就能上个名牌大学。考不好，即使是差 0.1 分，你也只能名落孙山。所以，家长也急功近利地只要分数。认为只要考试成绩好，一切就万事大吉。

成绩固然重要，但随着社会的进步，综合素质也越来越受重视。其实学习成绩并不是主要的，因为进入社会以后，一个人的文化知识固然重要，但更重要的是他的品格。可以这样说，对于一个学习成绩很差的女孩来说，她的将来并不一定是黑暗的，这一切取决于她自身的素质！那么，青春期女孩，要想成为一个好学生，应该具备哪些素质呢？

1. 学习能力

学习能力就是学会如何学习，筛选有益的信息，掌握提高学习效率的方法等，这是未来社会人才必备的能力，因为当今社会，科技日益进步，只有懂得如何学习、如何提高能力的人才能跟得上时代的步伐。为此，青春期女孩一定要摆脱传统的学习窠臼，培养自己的学习能力。在学习科学文化知识的同时，更要懂得摄取各种有利于自己成长的知识，并及时消化吸收。

2. 自立能力

自立便是自我的独立，世上并无救世主，自己的命运完全掌握在自己的手中。美好的前途是通过自己的努力实现的，没有自我的独立，无法在社会上立足。流自己的汗，吃自己的饭，自己的事情自己干，世上根本没有人会为你建起辉煌壮美的天堂。

3. 创新能力

随着时代的发展，创新能力是判定一个人能力的重要标准，未来社会更是如此。创新思维能力便是指具有推陈出新的能力，敢于破思维定式和旧有的心理状态，提出与众不同、独树一帜的具有新意的思想、方法、措施的能力。

青春期女孩，要想拥有创新能力，就必须丰富自己的思维类型，多方位思考问题，往往会得出截然不同的答案。

4. 交际能力

从成功学的角度讲，人际关系是决定一个人能否成功的关键因素之一；从素质教育的角度讲，能否与人和谐相处会影响一个人的顺利发展。

交际能力直接决定了一个人社会价值实现的大小；同时，交际也是一个人情感交流的需要。试想，一个不会交流、人际关系差的人，她的生活势必是孤独的、寂寞的。

如今，很多女孩都是家里的独生女，平时与他人交往较少；独处的时间较多，从而造成了一定的封闭性；学校中的人际交往相对简单，青春期女孩在交往方面缺乏足够的锻炼，从而适应不了就业时社会对人际交往较高的要求。

知识经济时代是一个全新的时代，是一个充满了竞争的时代，要想在这个时代中出类拔萃，单纯的文化知识已经满足不了时代进步的需要，因此，青春期女孩，必须克服自己的弱势，努力使自己强大起来，并跟上这个时代的步伐。

亲爱的菲菲和所有青春期的女孩，我希望你们都能以平常心看待成绩，综合发展自己各方面的素质，这样才能满怀信心地面对未来社会的挑战！

压力太大,找到适当的宣泄方式

青春期成长事件

菲菲马上要升入初中三年级了,学习压力越来越大。菲菲的班主任张老师是位老教师,很注重班级的学习成绩。每一个学生,无论是成绩好还是成绩差的,她都管得很严,这让同学们都有点吃不消。同学们早自习后休息的时间和中午午睡的时间也被取消了,张老师一看到操场有她班上的同学,就会喊着让他们回去看书。

有一天,有个女孩居然大胆地给张老师提意见了,说张老师逼得太紧了,张老师很生气,还在班上公开批评了这个女孩。其实,这个女孩是班上的尖子生,她都对张老师提出意见了,可见张老师给学生造成的压力有多大。

有天晚上,菲菲回来和我说了这件事,我告诉菲菲,老师毕竟也是一片苦心,为了学生好,只能自己寻找一些释放压力的方法了。

第十一章 青春易逝,每个女孩都要抓住时间的缰绳好好学习

> 送给青春期女孩的话

很多青春期女孩都会出现这一问题。她们身上的学习压力很大一部分来自外界,但压力终究是自身的一种精神状态,也是可以自我解除的。

进入青春期后,女孩的学习很紧张,压力会很大。女孩只有正确地处理这一问题,才能明白应该以怎样的心态面对每天紧张的学习,也才能在紧张的学习中轻松地学好功课。相反,患得患失、瞻前顾后是学不好的。

正所谓"日出东海下西山,愁也一天,喜也一天;遇事不钻牛角尖,人也舒坦,心也舒坦"。很多时候"烦恼"都是自找的,所谓天下本无事,学习也好,日常生活也罢,没什么大不了的,只要勇敢地面对,一切都会过去的。

那么,青春期女孩该如何解除自己的心理负担呢?在制定合理学习目标的前提下,不妨试试以下几种方法:

1. 树立自信

自信是任何人做任何事成功的前提,因为只有自我肯定,才能以最佳的面貌获得别人的肯定。学习也是这样,别人能学好,能拿好成绩,你也可以,相信自己,才能发挥出最佳的水平。

2. 保证睡眠,劳逸结合,不打疲劳战

良好的精神状态是学习效率高的前提,整天混混沌沌是学不好的。因此,你一定要懂得调好自己的生物钟,不要和时间赛跑。

3. 加强沟通,保持心理平衡

常与家人、老师交心沟通,排解紧张的心理情绪,有时他们的一句话就会让你豁然开朗。

4. 掌握窍门,学会自我减压

怎么减压呢?每个人都会有一些释放压力的小窍门,无论采用什么方法,只要能解决问题就是好的。比如,你可以进行深呼吸、听歌等,也可以散步,还可以通过自我暗示减压。你可以告诉自己,大家都处于紧张的学习生活中,

压力不是我一个人独有的,他们能顶着压力学习,我也能,这样一想,压力也就立马减轻了。另外,在每天早上出门前,可以给自己加加油:"我今天很漂亮,我今天要满载着知识回家。"带着这样的心情学习,学习也必然是轻松的。

亲爱的菲菲以及所有青春期的女孩,你们要明白,只有轻松自如地学习,学习才会有乐趣,才会更有效率,这就需要你们积极进行自我调控,一旦产生障碍,有压力时,就要适当放松自己,给自己减压。

第十一章 青春易逝,每个女孩都要抓住时间的缰绳好好学习